AF462179

LA DEFENSE DE MESSEIGNEVRS LES EVESQVES

Qui ont écrit au saint Pere, touchant quelques points de la doctrine de Iansenius.

Pour responſe aux conſiderations tres-inconſiderées, que les Ianſeniſtes ont faites ſur leur Lettre.

Par le R. P. Dom Pierre de Saint Ioseph, Religieux Fueillant.

Vestrum est totius Ecclesiæ Dei in hac valle lachrymarum peregrinantis causas audire, auditas discutere, discussas iudicio Apostolico definire. *Petrus Cluniac. lib. 6. epist. 12. ad Eugenium Papam.*

A PARIS,
Chez GEORGE IOSSE, demeurant ruë Saint Iacques, à la Couronne d'Eſpines.

M. DC. LI.

AVEC PRIVILEGE DV ROY.

EX BASILIO MAGNO EPIST. LII. ad Athanasium.

ISVM est autem mihi consentaneum vt scribatur Episcopo Romæ, vt quæ hic geruntur consideret, & sententiam suam expromat: & quoniam difficile est vt communi ac Synodico decreto aliqui illinc mittantur, ipse suâ autoritate in ista causa vsus, viros eligat, ad ferendas quidem itineris molestias idoneos: rerum iuxta ad hoc quoque accommodos, vt mansuetudine & facilitate ingenij eos qui distorti & obliqui apud nos sunt corrigant, aptè ac dispensatoriè sermonem attemperantes, omniaque secum habentes quæ in Arimino ad ea rescindenda, quæ illic per vim & violentiam gesta sunt. Et hoc, nemine sciente, absque strepitu tacitè, per mare ad eos qui hic sunt vadant, ne qui pacis inimici aduentum ipsorum præsentiscant.

EX AVGVSTINO ALIISQVE EPISCOPIS Epist. 95. ad Innocentium.

NOn agitur de vno Pelagio, qui iam fortasse correctus est, quod vtinam ita sit, sed tam multis quibus loquaciter contendentibus, & infirmas atque ineruditas animas velut conuictas trahentibus, firmas autem & in fide stabiles ipsa contentione fatigantibus vsque quaque jam plena sunt omnia. Aut ergo à tua veneratione acciendus est Romam, & diligenter interrogandus quam dicat gratiam qua fateatur, si tamen iam fateatur, ad non peccandum iusteque viuendum homines adiuuari. Aut hoc ipsum cum eo per literas agendum, & cum inuentus fuerit hanc dicere quam docet Ecclesiastica & Apostolica veritas, tunc sine vllo scrupulo Ecclesiæ, sine latibulo ambiguitatis vllius absoluendus est, tunc est reuera de eius purgatione gaudendum.

EX BERNARDO EPIST. CLXXXIX. ad Innocentium.

NOnne cum esses paruulus in oculis tuis, ipse (Deus) te constituit super gentes & regna? Ad quid nisi vt euellas, & destruas, & ædifices & plantes? *&c.* Suscitauit Deus furorem schismaticorum in tuo tempore, vt tuo opere contererentur, *&c.* Sed ne quid desit coronæ tuæ en hæreses surrexerunt. Itaque ad consummationem virtutum, & ne quid minus fecisse inueniamini à magnis Episcopis antecessoribus vestris, capite nobis, Pater amantissime, vulpes quæ demoliuntur vineam Domini, donec paruulæ sunt; ne si crescant & multiplicentur quidquid talium per vos non fuerit exterminatum, à posteris desperetur. Quanquam non iam paruulæ nec pauculæ, sed certe grandiusculæ & multæ sint, nec nisi in manu forti vel à vobis exterminabuntur.

ET EPIST. SEQVENTI AD EVNDEM.

OPortet ad vestrum referri Apostolatum pericula quæque & scandala emergentia in regno Dei, ea præsertim quæ de fide contingunt. Dignum namque arbitror ibi potissimum resarciri damna fidei, vbi non possit fides sentire defectum. Hæc quippe huius prærogatiua sedis. Cui enim alteri aliquando dictum est, *Ego pro te rogaui Petre, vt non deficiat fides tua?* Ergo quod sequitur à Petri successore exigitur, *& tu aliquando conuersus confirma fratres tuos.* Id quidem modo necessarium. Tempus est vt vestrum agnoscatis, Pater amantissime, principatum, probetis zelum, ministerium honoretis. In eo planè Petri impletis vicem, cuius tenetis & sedem, si vestra admonitione corda in fide fluctuantia confirmatis, si vestra autoritate conteritis fidei corruptores.

EX EODEM BERNARDO LIB. II. DE Considerat. ad Eugenium cap. 8.

AGe indagemus adhuc diligentius quis sis, quam geras videlicet pro tempore personam in Ecclesia Dei. Quis es? Sacerdos magnus, summus Pontifex. Tu princeps Episcoporum, tu hæres Apostolorum, tu primatu Abel, gubernatu Noë, Patriarchatu Abraham, Ordine Melchisedech, dignitate Aaron, auctoritate Moyses, iudicatu Samüel, potestate Petrus, vnctione Christus. Tu es cui claues traditæ, cui oues creditæ sunt. Sunt quidem & alij cœli ianitores, & gregum pastores, sed tu tanto gloriosius, quanto & differentius vtrumque præ cæteris nomen hæreditasti. Habent illi sibi assignatos greges, singuli singulos, tibi vniuersi crediti, vni vnus. Non modo ouium, sed & pastorum tu vnus omnium pastor.

EX BARONIO AD ANNVM CHRISTI CCCCVI. N. 47.

AD id omnino respicere intelligas, Lector, quæ Innocentius Papa duobus proxime elapsis annis quibus, vt dictum est, innotuit in Gallia hæresis Vigilantij, primò scripsit ad S. Victricium Rothomagensem Episcopum, anno videlicet quadringentesimo quarto, & sequenti ad S. Exuperium Tolosanum Episcopum respondens ad eorum litteras, quibus aduersus nouam emergentem hæresim primùm omnium putarunt sedem Apostolicam consulendam: ea nimirum ex causa quod scirent, absque aliqua dubitatione esse in Ecclesia Catholica vbique seruandum, quod ab Apostolica sede nosceretur esse seruatum & custoditum: à cuius desciscere velle decretis, communione seiungi, idem plane esset quod in castris schismaticorum aut hæreticorum profiteri. Sic igitur iidem sanctissimi atque doctissimi Galliarum Episcopi, licet optimè ipsi nossent (vt Innocentius ipſe in redditis ad eos epiſtolis teſtatur) ea quæ Romanum Pontificem rogarent : tamen quod certò ſcirent ipſam Apoſtolicam ſedem eſſe turrim Dauid in qua ſunt *mille clipei*, & *omnis armatura fortium*, ab ipſo præcipuo Eccleſiæ Catholicæ vertice ſibi arma comparanda duxerunt, quorum vel vno ictu conficerent reptantem ventre beſtiam ſuper terram, quod nefas eſſe omnes intelligerent Apoſtolicæ ſedis decretis obniti : ſicque eo modo ſartam tectam conſeruarent in Gallia à maioribus acceptam fidem & Eccleſiaſticam diſciplinam, quam ex veteribus traditionibus proditam Romani Pontificis recentia decreta munirent. Obſerua & hic quæſo, Lector, antiquum ſanctorum Patrum pugnandi genus, nimirum cum aduerſus hæreticos ineundum ſibi ſcirent eſſe certamen, primùm omnium conciliare ſibi conſortio fidei ſedis Apoſtolicæ communionem, id quidem mille fermè exemplis ſuperius eſt demonſtratum.

EX EODEM AD AN. CCCCXLIX. N. XLII.

SEd accipe de eadem (epiſtola Leonis ad Flauianum) illud admiratione digniſſimum. Cùm eam diſcribendam accepiſſent Occidentales, & inter alios Epiſcopi Galliarum, ex illis tres inſignioris nominis Antiſtites, Ceretius, Salonius, atque Veranus, cùm eam exſcripſiſſent, ipſum ab eis exaratum exemplar Romam ad eundem S. Leonem mittendum putarunt, ne quid minus à Prototypo in eo haberetur exſcriptum. Poſt enim multa de eadem epiſtola ab ipſis effuſa præconia, hæc habent. *Deprecamur vt opus & præſentibus & futuris temporibus profuturum, quod nos aſſeruandi ſtudio folijs mandare curauimus, ſanctitas veſtra percurrere, & ſi quid librarij errore defuerit, emendare dignetur: vel ſi ſalutarem lecturis omnibus paginam aliquo ſtudij veſtri accumulaſtis augmento, id ipſum addi libello huic ſolicita pietate iubeatis, vt non ſolum plures ſancti Epiſcopi fratres noſtri per Gallias, verum etiam multi ex laicis filij veſtri, qui epiſtolam iſtam magnopere pro veritatis manifeſtatione deſiderant, remiſſam ad nos, & ſancta manu veſtra emendatam tranſcribere, legere, & tenere mereantur.* Hæc tres nominati Epiſcopi.

Conſideraſti ne in his, Lector, candorem fidei Eccleſiæ Gallicanæ, cùm licet doctiſſimi eſſent Epiſcopi, eandem Encyclicam epiſtolam exſcribentes maxime timerent, ne vel in apice vno à fide ſcripta à Romano Pontifice diſcreparent ? Tantus enim apud eos vigebat erga ſupremum Antiſtitem cultus & obſeruantia, vt ab ipſius decretis vel tenui linea declinare, ducerent eſſe ſacrilegum, atque impium, & à veritate omnino deficere. Quam quidem dum tenuit obſeruantiam, ab omni prorſus hæreticorum labe illibata permanſit omnium ore laudata Eccleſia Gallicana: cuius Antiſtites antiquæ gloriæ memores, tenaceſque priſtini comparati ſibi ex Catholica fide ſplendoris, non vt inſenſati Galathæ, ſed ſapientiſſimi Galli Anteceſſores Epiſcopi ad numeros omnes, lineas, atque apices concordes & obedientes veritati, inhærenteſque Eccleſiæ Romanæ, retinentes quam à maioribus accepere Catholicam fidem, ne ab ea vel latum vnguem aberrarent, more maiorũ prototypũ conſulũt in archiuo Romæ ſeruatum.

EX EPIST. IV. NICOLAI PAPÆ AD VVENIlonem Archiepiſcopum Senonenſem & Coepiſcopos eius, vt refertur to. 3. Conciliorum Galliæ pag. 187.

SEd antequam ad conſulta veſtra mentis oculum inclinemus, parumper in laudibus veſtris ſtylum operæ pretium duximus immorandum : qui quò vobis eundum, quóue in rebus dubiis atque in magnis Ecclesiasticis negotiis esset accelerandum, serenitatis visibus præuidistis, humilibusque deuotionis passibus cucurristis. Contra illos nimirum qui beatissimi Apostolorum Principis Petri, eiusque successorum luculentissimam doctrinam sedemque spernentes, quem Dei filius in sancta Ecclesia sua, tanquam luminare maius in cœlo constituit, veluti quidam scorpiones palantes incedunt in meridie, & cum adhuc dies est, occidit eis Sol. Reuera ij & per scientiam Dei more Balaam apertos habent oculos, cadunt tamen quia obcæcati instar ipsius auaritia, quo gressum tendere possint iustitiæ, non aspiciunt: sed per abrupta & auia incedentes dum caput sequi refugiunt, in vasta præcipitia demerguntur. Vos autem, fratres carissimi, qui sancto vtique spiritu reuelante, Apostolicæ sedis auctoritatem sensu capere, & ad splendorem luminis eius iam incedere laudabiliter inchoastis, cum illa vsque in finem sapere, cum illa semper ambulare studete, ab illa deuiare nefas iudicate, ab eius discrepare sensu ne ad modicum quidem momentum consentiatis. Quos illa recipit, & vos quoque recipite, & quos illa respuit, abigere ipsi sicut ipsa mementote. Non enim illa respuit nisi membra quæ sibi non hærent, nec à se recidit, nisi quos in scandalum multis positos comprehendit.

EX EIVSDEM EPIST. XXXIX. AD RODVLPHVM Archiepiscopum Bituricensem, pag. 235.

SVsceptis beatitudinis tuæ litteris, humilitatis dono refertis, cunctarumque virtutum floribus redimitis, multiplices gratiarum cultus omnium bonorũ auctori rependimus, tuamque à multis retrò temporibus erga sedem Apostolicam agnitam deuotionem plurimũ conlaudamus, atque vt in hoc salubri proposito perseueres, fraternitatem tuam obnixius adhortamur. Sic enim & sanctæ conuersationis pedem quo tendere debeas, perspicaciùs percipere poteris, & superuenientia prauorum iacula præuidere & declinare liberiùs reuelante Domino præualebis, si in Apostolicæ sedis Petra more maiorum, præsidium tuum locaueris, eiusque fidei, doctrinæ, vel decretis arctius inhærere contenderis, quam ille sua sacrauit sessione quem Dominus Iesus Christus Ecclesiæ suæ primum & speciale retinere fastigium, quin & cœlestis atrij delegit summum constituere Ianitorem. Igitur de quo loquimur, beato videlicet Petro, quamuis solito nunc angustius Ecclesiasticis simus occupati negotiis, & ob id respondere tuis spatiosiùs nequeamus consultibus, tamen sancto tuo satisfacere desiderio cupientes, aliqua ex his inspirante Deo cursim exponere non omittimus.

EX ARTICVLIS A FACVLTATE SACRÆ Theologiæ Parisiensi anno Domini 1542. die 10 mensis Martij contra Lutheranos determinatis.

ARticulus XXIII. *qui est de primatu sedis Romanæ ita habet.* Nec minus certum, vnum esse iure diuino summum in Ecclesia Christi militante Pontificem, cui omnes Christiani parere tenentur. Qui quidem potestatem habet & indulgentias conferendi.

EX ANDREÆA DVVALLIO CELEBERRIMO Doctore Sorbonico Tract. de Romano Pontifice, parte 2. q. 1.

TErtio certum est inter Catholicos Pontificem seorsim sumptum à Concilio si se gerat vt Pontifex, semper esse audiendum, eique parendum, siue errare possit, siue non. Hoc habent Gersonius & Almainus : etsi enim doceant Pontificem, vt est Pontifex, errare nonnunquam posse, asserunt tamen contra illius definitiones non esse publicè dogmatizandum, nisi fortè error illius ita esset manifestus, vt nulla tergiuersatione celari posset, quod nunquam contingit, *&c.* Ex quo sequitur simpliciter & absolutè contra summi Pontificis definitiones vniuersis fidelibus propositas, nunquam esse dogmatizandum.

EX MAVCLERO ALIO MAGNI NOMINIS Doctore Sorbonico, 2. p. de Monarchia Eccles. lib. 4. cap. 4.

NVnquam in Ecclesia Dei prouocatio in causis fidei à Romano Pontifice ad aliud tribunal quantumuis in Ecclesia sublime, Spiritu sancto id interiori sanctione decretoque prohibente recepta est. Semperque fideles omnes in sinu Ecclesiæ matris enutriti, omnes illos pro hæreticis execrati sunt, quos pestis hæreticæ erroris que fœtore contaminatos esse, huius sanctissimi Patris sententia iudicauit : *& post nonnulla* : Quod si in condemnatione hæreticorum sententia generalis Concilij semper esset expectanda, nec Romani Pontificis iudicio in eorum reprobatione atque mulcta sisteretur ; expectatio hæc non modo inanis & euanida, sed sæpissime periculosa, nec non Ecclesiæ Dei perniciosa foret. Cùm interim hæreticis impunè viuere, suaque impia dogmata per omnes Christianorũ oras, tanquam mortifera venena spargere, ad intoxicandos fidelium animos sine vlla pœnæ formidine liceret. Quod quam sit à Christi prouidentia remotum & alienum, omnes qui sanæ mentis iudiciique participes in sacra fidei Christianæ dogmata iurauerunt, dubitare non possunt. Quid quod non solum Ecclesiam Catholicam, sed etiam Apostolicam credendo confitemur ? Quæ porro Apostolica, alia quam Romana Ecclesia dicenda venit ; Cum cæteræ orbis Christiani Ecclesiæ iam à multis annis hoc præclaro nomine destituantur ? Quid vero aliud de hac Apostolica, Romanaque Ecclesia Christiano sensu iudicare debemus, quam cum sit cæterarum mater Ecclesiarum, vt cum Apostolo illam columnam & firmamentum veritatis esse credamus ? Quod si est ita, vt certè est, in tuto fidei res erunt, si definiendæ Pontificis Romani decreto subdantur. Hæretici contrà, schismatici, sacrilegi, & impij quicumque in illum decreti Pontificij murum inexpugnabilem rebelles ac increduli arietare contenderint, iure meritissimo censebuntur.

EX EODEM CAPITE V. LIBRI PRÆDICTI.

QVid vero S. Hieronymus cum scissum in varias turmas errorum Christianum orbem lugens mœrensque conspiceret cum totus mundus se fere Arianum esse miraretur, *&c.* nunquid ad alterius sedis portum quam Romanæ confugit, vt quid sibi in hac controuersia tam periculosa & ardua tenendum credendumue ad salutem animarum expediret ? Eiurato Concilio consortioque neglecto Vitalis, Meletij, Paulini Orientalium Ecclesiarum, & quidem maximarum, Antiochiæ videlicet & Laodiceæ Episcoporum ad S. Damasum tunc in Apostolica Cathedra Romæ sedentem per litteras absens corpore, præsens vero spiritu ex Syria properat, maturatque proficisci dicendo : *Ego beatitudini tuæ id est Cathedræ Petri communione consocior: super illam Petram ædificatam Ecclesiam scio. Quicunque extra hanc domum agnum comederit, profanus est.* Et paulo post, *quamobrem obtestor beatitudinem tuam vt mihi epistolis tuis, siue tacendarum, siue dicendarum hypostaseon detur auctoritas, &c.*

Quid vero magnus ille Doctorum Coryphæus Catholicorum Augustinus de hac veritate censuit, docuit, iudicauit ? Nunquid ille cum Iuliano Pelagiano disputans, & eum sententiarum grauitate rationumque pondere confundens, huic hæretico & cæteris simili impietate fœdatis sufficere debere ad conuersionem suam solum Romani Pontificis iudicium sententiamque demonstrauit? Hæc dicens, *Cui Ecclesiæ*, scilicet Romanæ, *præsidentem B. Innocentium si audire voluisses, iam tunc periculosam iuuentutem tuam Pelagianis laqueis exuisses. Quid enim potuit vir ille sanctus Africanis respondere Conciliis nisi quod antiquitus Apostolica sedes & Romana cum cæteris tenet perseueranter Ecclesia?* Et lib. 3. c. 34. contra Cresconium tantum virtutis & roboris in definiendis fidei contentionibus Romani Pontificis iudicio detulit, vt in illa ad duo Africanæ nationis Carthaginense & Mileuitanum responsione dixerit: *Iam de hac causa duo Concilia Missa sunt ad sedem Apostolicam, inde etiam rescripta venerunt, causa finita est, vtinam aliquando finiatur & error.* Hęc ipse, notentur ista, *causa finita est,* id est contentio atque lis anxia de errore Pelagianorum qui tot annos Africanam Ecclesiam aliasque suo furiose turbine concussit, diu multumque in Africanis Conciliis agitata, tandem interueniente rescripto iudicioque Romani Pontificis sedata nec non definita est.

Ex eodem 2. parte Libro 6. cap. 11.

PRæclara illa vox Christianorum Imperatorum Valentiniani III. atque Martiani ad Palladium prætorio præfectum : *quoniam principalis prouidentiæ est, omne malum inter initia opprimere, & serpentem morbum legum medicina resecare.* Et recte quidem. Nam vt ait D. Hieronymus, *doctrina peruersa ab vno incipiens, vix duos vel tres primum in exordio reperit auditores, sed paulatim vt cancer serpit in corpore, & iuxta vulgare prouerbium, vnius pecudis scabies totum commaculat gregem. Igitur scintilla statim vt apparuerit, extinguenda est, & fermentum à massæ vicinia semouendum: secandæ putridæ carnes, & scabiosum animal à caulis ouium repellendum, ne tota domus, massa, corpus & pecora ardeat, corrumpatur, putrescat, intereant.* Quod Arij sic illustrat exemplo. *Arrius in Alexandria vna scintilla fuit, sed quia non statim oppressa est, totum orbem eius flamma populata est.* Idem de Luthero, Caluino: idem de schismaticis impio ausu majestatem Pontificiam, supremamque throni Apostolici à Christo Domino per sanctum Apostolum Petrum fixam Romæ dignitatem impune adortis licebit nobis nec sine dolore maximo luctuque dicere. *Dum paruulus hostis est, interficiendus est, vt eius nequitia elidatur in semine.*

Cap. 5. ad Gal.

Hiero. epist. ad Eustoch.

AV LECTEVR

AV LECTEVR.

AMY Lecteur, il n'en faudroit pas dauantage pour iustifier les Prelats qui ont écrit à Rome touchant les questions nouuelles, puis que tous ces beaux passages que ie vous ay voulu proposer d'abord, leur peuuent seruir d'vne illustre Apologie, dans la deference qu'ils ont renduë en ce sujet au Pere commun de l'Eglise. Il n'en faudroit pas dauantage aussi pour confondre la temerité de ces Nouateurs, qui ont bien ozé condamner par vn écrit satyrique, vn procedé si saint & si loüable, qui est puissamment autorisé tant par l'exemple des anciens Euesques de France, que par les sentimens pieux & Catholiques des Peres de l'Eglise, & des Docteurs de nostre temps. Car comment pourroit-on croire aprés des conuictions si pressantes, que l'Esprit de Dieu conduise la plume de ces presomptueux, qui font gloire de preferer leurs pensées à l'autorité du saint Siege; qui menacent d'appeller à vn Concile de la Sentence du Pape; qui supposent des faussetez & des nullitez en tout ce qui se fait à Rome contre leur doctrine; qui chargent d'injures & de calomnies tous les Euesques, & tous les Docteurs qui leur font quelque resistance; & qui iettent continuellement les semences de schisme & de reuolte parmi les fideles. Mais ne suffiroit-il pas d'opposer ces esprits passionnez à eux-mesmes pour les rendre ridicules à tout le monde, & de confronter les efforts qu'ils font maintenant pour empescher que le Pape ne porte iugement de leur doctrine, auec ce qu'ils ont écrit ci-deuant, en respondant à vn extrait de quelques propositions de Iansenius, que le vray moyen d'asseurer la paix parmi les enfans de l'Eglise, n'est pas de leur defendre simplement de se faire exterieurement la guerre, en leur permettant d'auoir des sentimens entierement opposez les vns aux autres sur des matieres si importantes; mais qu'il est besoin de leur oster la liberté d'estre diuisez dans leurs sentimens, en decidant cette matiere, selon qu'auoit resolu Clement VIII. & d'arracher ainsi les semences des diuisions, des auersions, & des emulations qui destruisent la paix que Iesus-Christ a laissée à son Eglise, & excitent vne guerre continuelle & interieure, qui luy est entierement contraire. Qu'on n'a pû employer ce remede iusqu'à present, & que le temps est venu de resoudre enfin toutes les doutes de l'Eglise par vn Oracle, & vne decision publique du saint Siege, pour tirer ainsi les fideles de cette incertitude interieure dans laquelle ils ont esté iusqu'à present, &c. Que c'est la conduite dont le saint Siege a toûjours vsé en de semblables rencontres, & particulierement pour repousser les ennemis de la grace, & que saint Prosper a loüé si hautement l'Eglise de Rome, pour l'ardeur & le zele qu'elle a témoigné en cette action, que ses paroles sont aujourd'huy les armes les plus fortes, & les plus inuincibles, auec lesquelles nous combattons tous ceux qui ne veulent pas reconnoistre sa dignité souueraine par dessus toutes les autres. *Ils ajoustent, que Dieu prepare vne recompense semblable à celuy qui est successeur de la mesme dignité, en luy offrant vne pareille occasion de determiner dans la mesme maniere les sentimens de tous les fideles. Que peut-on penser de ces Ecriuains si changeans qui soufflent le froid & le chaud d'vne mesme bouche; qui trouuent la guerre, dans la paix qu'ils veulent eux mesmes procurer & establir; qui veulent qu'on differe iusqu'à vn Concile general l'application d'vn remede, qu'ils estiment necessaire à la guerison d'vn mal present; qui croyent que le Pape doit determiner les questions du temps sur leur simple requeste, & qui ne croyent pas qu'il puisse en donner la decision, quoy que soixante dix Euesques l'en supplient. Enfin qui promettent de defendre l'authorité du saint Siege, au cas que le Vicaire de Iesus-Christ prononce sur les matieres de la grace, & qui le menacent d'vn schisme, s'il arriue qu'il se declare sur ce sujet. Que pourroit-on souhaiter de plus pressant pour condamner l'entreprise de ces Nouateurs, & pour iuger qu'elle ne vient pas d'vn bon zele, que de voir qu'ils se portent maintenent auec tant de passion & de temerité, contre vn reglement qu'ils ont eux mesmes loüé hautement, & qu'ils ont iugé absolument necessaire au bien de l'Eglise. Il ne faut pas pourtant se contenter de iustifier les Euesques qui ont écrit au Pape, par vne response si courte, mais il est à propos d'examiner auec soin toute l'inuectiue qu'on leur oppose, afin que les sages Lecteurs reconnoissent plus clairement l'esprit du Iansenisme, qui outrage cruellement grand nombre d'Euesques, pour cela seulement qu'ils ont voulu à l'imitation de leurs predecesseurs, consulter le saint Siege, touchant quelques maximes qui causent tant de bruit dans l'Eglise. Et parce que saint Augustin sert de pretexte à cette satyre, aussi bien qu'à toutes les autres qui ont esté dressées depuis neuf ou dix ans contre les Defenseurs de l'ancienne Theologie, nous auons fait imprimer de nouueau les sentimens de ce Pere, touchant les mesmes propositions dont les Euesques desirent auoir le iugement du Pape. Ce qui leur seruira d'vne seconde Apologie, deuant toutes les personnes équitables, puis que nous y faisons voir clairement que saint Augustin est de leur costé, & que sa veritable doctrine est entierement opposée aux maximes que les Iansenistes luy attribuent.*

Et bien que Monsieur l'Abbé Bourzé ait entrepris de respondre à ce petit ouurage, l'on a veu il y a long temps la foiblesse d'vne partie de sa response, qui eut esté entierement renuersée deux mois apres qu'elle parut, si l'on n'eut iugé, qu'il n'estoit nullement necessaire d'interrompre des occupations serieuses & vtiles, pour se haster à combattre vn ennemy, qui se défait luy mesme par sa propre foiblesse, & qui est plus propre à faire pitié, qu'à donner de la crainte: Neantmoins pour satisfaire en partie la curiosité de beaucoup de personnes qui me pressent d'acheuer la Defense des sentimens de saint Augustin, i'ajousteray à ce petit ouurage vn extrait des trois paquets de Lettres, qui font la response entiere aux Conferences de Monsieur l'Abbé Bourzé, qui est supplié de prendre cét abbregé pour l'interest de ce que luy dois, auec asseurance qu'il receura bien tost le principal en bonne monnoye.

Cependant ie supplie ces Politiques, ou ces scrupuleux, qui s'imaginent que les paroles rudes & piquantes sont contraires à la charité Chrestienne, & à la profession Religieuse, de considerer premierement, qu'encore que saint Hierosme ne manquast pas de charité, de patience, & d'humilité, lors neantmoins qu'il estoit question de combattre quelque Nouateur, le zele de la gloire de Dieu & du salut des ames le transportoit si fort, qu'il n'y auoit point de parole piquante, de figure d'Orateur, de raillerie, de traits de mespris qu'il n'employast pour décrier sa doctrine, & pour rendre plus recommandable la verité qu'il defendoit. C'est ainsi, pour ne point parler des autres, qu'il traitta Ruffin, le plus considerable de ses Adversaires, comme le [a] Cardinal Baronius le remarque.[b] Tantost il l'aduertissoit de prendre garde à qui il s'attaquoit, & vouloit bien qu'il sceust qu'il auroit à faire à vne beste qui portoit des cornes, pour se defendre.[c] Tantost il luy témoignoit qu'il ne pouuoit pardonner à des heretiques, ni s'empescher de monstrer qu'il estoit Catholique; & que si c'estoit là la cause de leur debat, il pouuoit bien mourir, mais non pas se taire. Tantost il luy faisoit ce reproche,[d] quoy les chiens abboyent pour leurs Maistres, & tu ne veux pas que i'abboye pour Iesus-Christ? Et en suite de ces paroles, que le pur zele de la gloire de Dieu, & de la defense de l'Eglise luy arrachoit de la plume, il deployoit auec vne eloquence admirable tout ce que sa belle Rhetorique luy pouuoit fournir de plus pressant, pour bien representer les artifices malicieux, & les

a Baronius Anno Christi 402. 38.

b Hoc vnum denuncio, & repetens iterum iterumque monebo, cornutam bestiam petis. *Apol. 1. contra Ruffin.*

c In vno tibi consentire non potero, vt parcam hæreticis, vel vt me Catholicum non probem; si ista est causa discordiæ, mori possum, tacere non possum. *Apol. 2.*

d Canes latrant pro Dominis suis, tu non vis me latrare pro Christo? *Ibid.*

pensées extrauagantes de ce Nouateur, & pour en faire conceuoir du mespris. [a] C'est ce Ruffin, *dit Monsieur l'Abbé Bourzé*, que S. Hierosme traitte d'ignorant & de stupide, en l'appellant Asinius Pollio, ou l'Asnon de l'ancienne maison des Corneliens, qu'il traitte de jaloux & d'enuieux, en l'appellant Lucinius Lauinius, qui auoit esté le Riual de Terence, qu'il traitte de perfide ou de traistre, en l'appellant Calphurnius Lanarius, qui assassina l'vn des Lieutenans de Sertorius, & en le nommant Rabirius, qui estoit vn fameux criminel d'Estat; qu'il traitte de Badin, & de ridicule, en l'appellant Marcus Grunnius Corocotta: qu'il traitte de cruel & d'hypocrite, en l'appellant Neron au dedans, & Caton au dehors, & monstre composé de deux contraires natures: enfin qu'il traitte d'enuenimé & de furieux, en l'appellant scorpion, serpent, hydre, Scylle & Alecton.

Ie les supplie aussi de considerer que saint Augustin, qui estoit au reste d'vn temperamment fort doux, & fort moderé, ne laissoit pas d'employer des paroles, qu'on estimeroit à present tres-injurieuses, lors qu'il defendoit les veritez de l'Eglise contre quelque Nouateur. Il ne faut que lire les Liures qu'il a écrits [b] *contre Iulien sectateur de Pelagius, où l'on trouuera qu'il le traitte souuent de menteur, d'impudent, de calomniateur, d'écervellé, de radoteur, de fou, de seducteur, d'obstiné, de serpent: n'oubliant rien de ce qui peut seruir à décrier sa doctrine & sa personne, pour autoriser dauantage les veritez Catholiques qu'il defend contre luy. Estant visible qu'on doit conceuoir grande auersion d'vne nouueauté qu'vn docte & saint homme condamne auec tant de zele, & auec des termes si rigoureux, & prendre pour des imposteurs ceux qui trauaillent à l'establir parmi le peuple, sous quelque pretexte que ce soit.*

Ie prie encore ces indifferens, ou ces scrupuleux, de considerer que saint Bernard, dont la douceur & la charité auec laquelle il traittoit les Nouateurs, nous est donnée pour exemple, afin que nous l'imitions, changeoit aussi tost d'humeur & de style, lors qu'il auoit à combattre les Auteurs de quelque nouuelle doctrine. Comment traitte-il Pierre Abaylard, & Arnaud de Bresse? [c] *Parlant du premier*

[a] *Dans le Liure contre l'Adversaire du Concile de Trente, pa.* 180.

[b] Non plane risum, sed fletum potius intelligentibus vester cōmouet risus, sicut mentibus amicorum suorum fletũ cōmouet risus phreneticorum. *Libro* 4. *contra Julian. cap.*3.

Cum insana dicis & rides, phrenetico es similis. Cũ autem vera quæ dico, &c. sic non attendis, sic obliuisceris, non iam phreneticis, sed Lethargicis compararis. *Ibid.*

Calumniaris, non hoc à me dictũ est, &c. multo minus ergo dicerem, quod me dixisse mentiris, &c. Quis non expectet sapientiam disserentis, qui fidem cognouerit mẽtientis? *Eodem lib. cap.* 8.

Ecce frustra enumerasti, quibus me comparas, tot hæreticorum fraudes, quorum vtinam numerũ non augeres. *Cap. vltimo eiusdem libri.* Tanto ineptius quãto velut doctius delirares. *Libro* 6. *contra Julian. cap.*14.

Quis autem ita sit imprudens atque impudens, ita procax, pertinax, peruicax, ita postremo insanus & demens qui cum peccata mala esse fateatur, neget esse malum concupiscentiam peccatorum, &c. *Eodem lib. cap.* 15. Verum tu plane inconsiderate ista non funderes, si stultitiæ quæ tibi ista suggerit, sapientiam contrariam cogitares. *Ibid. cap.* 20. Sed vobis tam malitiosum venenum antiqui draconis irrepsit vt, &c. *cap.* 21. De illis quoque Apostolicis verbis in quibus impudentia mirabili imo dementia resistitis fundatissimæ fidei. *Cap.* 24. Mentiuntur, insidiantur, tergiuersantur. Non hoc dicimus. *Lib.* 3. *contra duas Epist. Pelagianorum cap.*3. Absit vt ista dicamus, sed aut non valent intelligere, aut nolunt aduertere, aut calumniandi studio dissimulant se scire quod dicimus. Studeant ergo vel ipsi, vel potius ij quos idiotas & ineruditos decipere moliuntur. *Ibid. cap.* 5.

[c] Leonem Euasimus, sed incidimus in draconem, qui non minus forsan noceat sedens in insidiis, quam ille rugiens de excelso. *Epist* 189. *ad Innoc.* Quid in his verbis intolerabilius iudicem blasphemiam, an arrogantiam? Quid damnabilius temeritatem, an impietatem? An non iustius os loquens talia fustibus tunderetur quã rationibus refelleretur? *Epist.* 190. *ad eundẽ.*

il dit, que c'est vn dragon qui ne fait pas moins de mal en cachetes, que ce lion rugissant dont on auoit euité la fureur, auoit causé de dommage à l'Eglise. Il dit que c'est vn blasphemateur, vn superbe, vn temeraire, vn impie, & qui merite d'estre refuté plûtost à coups de baston, que par des raisons; que c'est vn Moyne sans regle, vn Superieur sans soin, vn homme dissemblable à soy-mesme, qui est vn Herode au dedans, & vn saint Iean au dehors.

Parlant du second, * *qu'il appelle l'Escuyer, ou le Porte-enseigne de ce grand Goliat Pierre Abaylard, il dit qu'il meine vne vie fort austere, & que c'est vn homme qui ne mange ni ne boit, estant affamé & alteré auec le Diable seul, du sang des ames. Qu'il est du nombre de ceux qui ont, selon saint Paul, l'apparence de pieté, & qui n'en ont point la vertu: & de ceux dont parle nostre Seigneur, qui viennent couuerts d'vne toison de brebis, & qui au dedans sont des loups enragez. Que sa conuersation est toute emmiellée, & que sa doctrine n'est que venin, qu'il a la teste d'vne colombe, & la queuë d'vn scorpion. On voit le mesme style dans les écrits de tous les autres Peres, qui ont entrepris la defense de l'Eglise contre quelques Nouateurs; ce qui n'a point pourtant fait de tort à leur reputation, non plus qu'à leur sainteté, sinon peut-estre dans l'esprit de quelques libertins qui ont pris cette iuste seuerité pour vn effet de passion, afin d'auoir quelque pretexte de demeurer dans leurs erreurs. Et cela n'est que trop suffisant pour iustifier quelques termes vn peu rudes qui se trouuent dans mes écrits, n'y ayant point d'apparence que des personnes Catholiques & vrayement vertueuses osent blâmer en moy ce qui a esté pratiqué par tant de Saints, dont les ouurages estoient autant éloignez de tout interest humain, qu'il est certain qu'ils ne recherchoient dans leurs actions que la gloire de Dieu, & le bien des ames.*

Ce qui monstre la foiblesse, & la trop grande simplicité de quelques Catholiques peu versez dans la doctrine des Peres, qui se persuadent qu'il faut euiter toutes les paroles rudes, lors qu'on defend la foy de l'Eglise contre ceux qui la combattent; cõme si c'estoit vn crime d'appeller les choses par leur nom, & de traitter de calomniateurs, de faussaires, de menteurs, d'heretiques ceux qui sont conuaincus d'inuenter des calomnies, des faussetez, des mensonges, & de soustenir des heresies. Il importe au contraire pour la defense de la verité de faire sonner haut tous ces excez, non pas par vn esprit de colere, ou de vengeance, mais par vn dessein Chrestien de décrier

Magister Petrus Abailardus sine regula Monachus, sine solicitudine Prælatus, nec ordinem tenet, nec tenetur ab ordine. Homo sibi dissimilis est, intus Herodes, foris Ioãnes, totus ambiguus, nihil habens de Monacho præter nomen & habitum. *Epist. 193. ad Yuonem Card.*

* Procedit Golias procero corpore nobili illo suo bellico apparatu circũmunitus, antecedente quoque eius armigero Arnaldo de Brixia. *Epist. 189. citata.*

In victu autem & habitu habẽtes formam pietatis, sed virtutem eius abnegantes, eo decipiunt plurimos quo transfigurant se in Angelos lucis, cum sint Sathanæ. *Ibid.*

Arnaldum loquor de Brixia qui vtinã tam sanæ esset doctrinæ quã districtæ est vitæ. Et si vultis scire, homo est neque manducans neque bibens, solo cũ Diabolo esuriens, & sitiens sanguinẽ animarum. Vnus de numero illorũ quos Apostolica vigilantia notat, *Habentes formam pietatis, virtutem illius penitus abnegantes.* Et ipse Dominus *venient* (inquiẽs) *ad nos in vestimẽtis ouium, intrinsecus autem sunt lupi rapaces. Epist. 195. ad Episc. Constantiensem.*

Arnaldus de Brixia, cuius conuersatio mel, & doctrina venenum, cui caput colũbæ, cauda scorpionis est. *Epist. 196. ad Guidonem.*

le mal, pour le faire euiter. Estant tres-constant que les discours Catholiques qui sont desarmez de cette vigueur, ne font point de si fortes impressions dans les esprits, parce que ne representant point le mal qu'ils combattent, tel qu'il est, ils n'en font point aussi considerer ni apprehender l'importance. Les luths, les violons, les musettes ne sont pas des instrumens propres pour la guerre, il faut employer les tambours, les trompettes, & les canons pour reveiller le courage des Soldats, & pour donner de la terreur aux ennemis. Ainsi dans cette guerre des plumes, où sans toucher aux corps, les ames sont empoisonnées, il faut faire grand bruit pour épouuenter les meschans, pour éveiller les Pasteurs & les Magistrats qui dorment, & pour faire apprehender à tous les Catholiques le danger où ils se trouuent.

Si nous traittions auec des personnes dociles & bien intentionnées, il seroit à propos d'employer les douceurs & les caresses pour les remettre dans leur deuoir : mais puis que tout le monde void que nous auons affaire auec des obstinez, & des furieux, qui ne peuuent estre surmontez que par la force, c'est vne trop grande simplicité de s'imaginer qu'il ne faille employer que des paroles de soye, & des complimens pour les arrester. Quand saint Romain sortit de Roüan pour aller combattre ce dragon effroyable, que ceux du païs appellent la Gargoüille; outre qu'il prit l'estole & l'eau beniste, pour exorciser ce Monstre, il voulut estre escorté de deux hommes de main, pour employer les armes materielles, au cas que les spirituelles ne fissent pas tout l'effet qu'il en attendoit. Nous sommes obligez d'en faire de mesme. Il ne sert de rien de ietter de l'eau beniste sur ces Dragons empestez qui infectent les esprits de l'air contagieux de leurs heresies; on void au contraire que la douceur les rend plus insolens, attribuant la moderation dont on agit quelque fois auec eux, à la crainte qu'on a de leurs plumes, & prenant sujet de la retenuë de leurs Aduersaires de faire encore plus de rauages. Il est donc necessaire d'employer des remedes plus forts contre ces Gargoüilles puantes qui causent tant de dommage au public, & d'imiter la pieté de saint Augustin, qui ayant reconnu par vne longue experience, combien les Nouateurs abusent de la bonté de l'Eglise, fut contraint enfin d'avoüer qu'il estoit necessaire de reprimer leur insolence par la seuerité des Loix.

Que si l'on considere enfin cette furieuse passion qui éclate dans toutes les pages des Liures, que ces Theologiens à la mode mettent au iour : Qui peut trouuer mauuais qu'on repousse auec quelque vigueur des discours si outrageux & si injustes? On diffame par des écrits satyriques les Papes, les Euesques, les Docteurs, les Religieux, & tous ceux qui témoignent du zele pour la cause de

*Dieu & de l'Eglise; & il ne sera pas permis de reprendre auec des paroles vn peu aigres, l'insolence de cét excez, qui ne sçauroit estre trop rigoureusement chastié par des peines temporelles? Vn homme sage se doit-il tenir les bras croisez, lors que les voleurs approchent pour piller sa maison, ou pour y mettre le feu? Doit-il se contenter de faire des complimens à ces pestes de la Republique, qui selon les Loix ciuiles sont condamnez à estre brisez sur vne roüe? Voudra-t'on pas qu'il les remercie de la faueur qu'ils luy font, & qu'il les encourage par des presens, & des persuasions à haster leur entreprise? Que si ces pensées ne sont point capables d'estre formées que dans des testes folles, & ennemies de toute humanité; Peut-on blasmer auec prudence vn zele genereux qui s'oppose à ces injustes vsurpateurs, qui nous viennent troubler dans la ioüissance d'vne doctrine dont nous sommes en possession, non seulement depuis quatre ou cinq siecles, comme ils l'avoüent eux mesmes, ce qui ne seroit que trop suffisant pour condamner leur entreprise, mais depuis le commencement de l'Eglise? Que les Politiques, les indifferens, & les scrupuleux en pensent ce qu'il leur plaira, pour moy i'estime apres saint Hierosme, saint Augustin, & saint Bernard, qu'il faut se defendre courageusement contre ces ennemis masquez; qu'il faut repousser leurs violances par des resistances plus fortes; qu'il faut crier au larron, & au voleur; qu'il faut sonner le tocqsecin, & mettre l'alarme par tout, afin qu'on songe serieusement au danger où l'on est, & que chacun prenne garde à soy. Et ie ne doute point que mon dessein ne soit en cela approuué de tous ceux qui auront quelque zele pour la foy Catholique, & de tous les bons François qui considereront, que cette nouuelle secte, qui s'establit dans ce Royaume, n'est qu'vne copie, & vn rejeton de cette malheureuse Heresie de Caluin, qui a causé dans la France en moins de vingt * ans, la ruine de neuf cens hospitaux, de deux mille Monasteres, de vingt mille autres Eglises, auec la mort de sept cens soixante cinq mille hommes.*

* *Cecy est rapporté dans la Lettre déchiffrée.*

FIN.

LA DEFENSE

DE MESSEIGNEVRS LES EVESQVES

QVI ONT ECRIT AV SAINT Pere, touchant quelques points de la doctrine de Iansenius.

LEs Peres* de l'Eglise, & les Theologiens estans dans ce sentiment que le Pape est le Pasteur vniuersel de tous les fideles tant Superieurs, qu'inferieurs, & que nous sommes obligez d'escouter sa voix, & d'obeïr à ses decrets dans les choses de la foy, il est visible qu'on ne sçauroit trouuer vn meilleur expedient, pour appaiser les troubles que la doctrine de Iansenius a fait naistre dans la France, que de s'addresser au Vicaire de Iesus-Christ;

* Quoy que cette verité soit receuë de tous les Catholiques, il n'est pas hors de propos d'en voir des preuues parmi les passages que nous auõs proposez cy-deuant.

pour sçauoir determinement quel parti il faut prendre en cette rencontre. C'est ce que beaucoup de Prelats de ce Royaume ont fait sagement depuis quelques mois, & l'ont fait * à l'imitation des Euesques leurs predecesseurs, qui ont fort souuent consulté le Saint siege, lors qu'il a esté question d'abbatre quelque nouuelle doctrine, iugeant qu'il n'y auoit point de voye plus courte, ni plus asseurée pour arrester ce mal en sa naissance, & pour maintenir la foy Catholique en sa pureté.

* Les anciens Euesques de France ont tousjours consulté le Saint siege dãs les choses douteuses qui regardẽt la foy ou la police Ecclesiastique, dequoy il seroit aisé de donner vne infinité de preuues si celles que nous auons rapportées cy-dessus n'estoient plus que suffisantes pour confirmer cette verité.

Neantmoins, quoy que ce dessein ait esté loüé & approuué de tous ceux qui ont quelque zele pour le bien de l'Eglise, & qui recherchent sincerement la verité, les Iansenistes ** n'ont pas laissé de le condamner auec vne insolence qui ne sçauroit estre exprimée, & qui pourroit passer pour prodigieuse, si elle ne leur estoit ordinaire : Ayant publié vn libelle où ils traittent si injurieusement tous les Euesques qui ont écrit à sa Sainteté, quoy qu'ils soient en grand nombre, qu'ils ne les accusent de rien moins que d'auoir par ce fait mesme deshonoré leur caractere, outragé les Euesques, l'Eglise & le Saint siege, & causé vn horrible scandale parmi les Catholiques. Mais leur aigreur se respand particulierement sur Monseigneur l'Euesque de Vabres, pour cela seulement qu'ils le croyent auteur de la lettre que les Prelats ont signée, quoy qu'elle soit fort

** Les Iansenistes ont ecrit auec vne insolence & vne furie extreme contre les Euesques qui ont consulté le Pape touchant quelques maximes de Iansenius : particulierement contre Monsieur de Vabres, parce qu'ils le croyent auteur de la lettre qu'ils ont enuoyée à Rome.

modeste, & que des personnes bien intentionnées n'ayent aucun sujet de s'en offenser.

Ils disent que ce sçauant Euesque se trouuant reduit à vne honteuse necessité de se taire, par l'impuissance de respondre aux deux excellentes Apologies qui ont esté faites pour Monsieur l'Euesque d'Ipre, s'efforce maintenant par toutes sortes d'intrigues & d'artifices d'engager en sa cause quelques-vns des Prelats, & de leur faire signer en secret, & à l'insceu du Clergé de France, assemblé à Paris, vne lettre qu'il a dressée pour surprendre nostre saint Pere, & pour luy faire condamner en effet, sous le nom de Monsieur Iansenius Euesque d'Ipre, toute la doctrine de S. Augustin touchant la grace, qui est celle de l'Eglise, & du Saint siege.

Mais cette * accusation contient autant de faussetez & d'impertinences, que de lignes. Premierement, tout le monde sçait que M. de Vabres a respondu à la premiere Apologie de Iansenius, dans son liure de la foy de l'Eglise, & que nous auons refuté la replique que ces fanfarons luy ont opposée dans la seconde Apologie. Car iugeant qu'il n'estoit pas à propos qu'vn Euesque, dont toutes les occupations doiuent estre serieuses & importantes, perdit le temps à combattre des ** ennemis si foibles & si peu considerables, ie fis voir clairement à tous les amateurs de la ve-

* L'accusatiō dont ils taschēt de noircir Mr de Vabres, contient autant de faussetez & d'impertinences que de lignes.

** Mr de Vabres a respondu à la premiere Apologie de Iansenius, & sa doctrine a esté maintenuë contre la seconde. Et personne n'a encore respondu à son excellent Ouurage de la grace.

rité, que la doctrine que Mr de Vabres auoit proposée dans la defense de la foy de l'Eglise, estoit tres-Catholique, & qu'on ne l'auoit attaquée que par des discours friuoles, & par des calomnies. Ce qui n'empescha pas neantmoins que cét illustre Prelat, ne donnast bientost apres au public dans la langue de l'Eglise, vn excellent traitté de toutes les matieres de la grace, par lequel il ne confirme pas seulement tout ce qu'il auoit presché, & écrit de cette matiere ; mais il montre aussi euidemment que les maximes de Saint Augustin touchant la grace, ne sont point differentes de celles des autres Peres tant Grecs que Latins. De sorte, qu'au lieu que ces calomniateurs masquez accusent effrontement Mr de Vabres d'auoir esté reduit à vne honteuse necessité de se taire, par l'impuissance de leur respondre ; on peut dire auec verité que ce sont eux qui ont esté contrains ou de parler impertinemment, ou de garder honteusement le silence ; puis qu'ils n'ont rien respondu qui vaille à son premier ouurage, ni rien dutout au dernier.

* C'est vne injure trop grossiere d'accuser Mr de Vabres d'estre homme d'intrigues & de cabale, puisque tous ceux qui ont l'honneur de le cõnoistre sçauent le cõtraire.

En second lieu * ceux qui ont l'honneur de connoistre Mr de Vabres, remarquent tant de moderation, de sincerité & de iustice dans ses actions, qu'ils voyent bien que c'est vne calomnie trop grossiere, de l'accuser d'estre homme d'intrigue & de cabale. Cette maniere d'agir est aussi contraire à son humeur, qu'elle est peu seante à vne personne de sa qualité. Et d'ailleurs la cause qu'il defend est si bonne & si equitable, qu'il ne faut que la proposer nuement & sans aucun artifice, pour la faire agréer à tous ceux qui ont vn veritable zele pour le bien de l'Eglise : n'estant pas icy question de quelque interest particulier de cét Euesque, comme ses ennemis le supposent trop malicieusement, mais de l'interest commun de la Religion Catholique, que tous les Euesques sont obligez d'embrasser & de defendre, auec beaucoup plus d'affection & de generosité, que tout ce qui ne regarde que leurs personnes particulieres.

En troisiesme lieu * les Euesques qui veulent écrire à Rome pour des choses qui regardent la foy, & le bien commun de l'Eglise, n'estans nullement tenus de proposer leur dessein à l'assemblée du Clergé, qui est instituée pour des affaires temporelles, c'est vne entreprise tres-impertinante de prendre sujet de blasmer M. de Vabres de ce qu'il a fait signer sa lettre à l'insceu du Clergé. On doit au contraire loüer sa prudence de ce que, presumant que les Iansenistes ne manqueroient pas par leurs artifices ordinaires, de causer les mesmes troubles dans l'assemblée des Prelats, qu'ils ont causé plusieurs fois dans la Sorbonne, si-tost qu'on parleroit d'écrire à Rome contre

* Il n'y a nulle raison de blasmer Mr de Vabres d'auoir ecrit à Rome sans auoir proposé son dessein dãs l'assemblée du Clergé. On doit loüer au contraire sa prudẽce d'y auoir procedé de la sorte.

leur doctrine, il s'est contenté d'en écrire en particulier auec ceux qui se sont trouuez de son aduis, & qui eussent tres-volontiers executé il y a long-temps le mesme dessein, si l'occasion s'en fut presentée. Et d'ailleurs il faut * considerer que la pluspart des Euesques de l'assemblée ont signé la lettre, & que des autres qui sont dans les prouinces, il y en a si bon nombre qui l'ont souscrite, qu'ils excedent deux ou trois fois toute l'assemblée. D'où l'on peut decouurir sensiblement la vanité malicieuse de ces discoureurs, qui en faisant sonner haut que la lettre n'a point esté proposée dans l'assemblée du Clergé, veulent faire croire par cét artifice qu'elle a esté signée par vn fort petit nombre d'Euesques, & rejettée par vn beaucoup plus grand; ce qui est tres-faux.

* Des Euesques de l'assemblée du Clergé il n'y en a que quatre ou cinq qui n'ayent point signé la lettre. Et tant de ceux là que des autres qui sont dãs leurs dioceses, il s'en trouue plus de 60 qui l'ont souscrite

En quatriesme ** lieu, ne faut-il pas auoir perdu le sens & la pudeur, pour dire que M. de Vabres a voulu surprendre le Pape par sa lettre? n'estant pas possible que le Vicaire de Iesus-Christ soit surpris en vne chose si publique & si connuë de tout le monde, ni qu'il ignore la bulle qu'Vrbain VIII. a publiée contre Iansenius, & qu'il a luy mesme confirmée par vne vingtaine de brefs qu'il a enuoyez par les prouinces, pour la faire obseruer, & par la censure qu'il a faite depuis peu du Catechisme de la grace. Il ne se peut faire nonplus que le Pape d'apresent comdamne sous le

** Accusation malicieuse & ridicule de vouloir persuader que Mr de Vabres a eu dessein de surprendre le Pape par sa lettre. Estant du tout impossible que sa Sainteté soit surprise en vne chose dont elle a si souuent ouy parler depuis dix ans.

nom de Iansenius la veritable doctrine de saint Augustin, puis qu'il n'est pas moins infaillible que les Papes qui l'ont approuuée. Mais parce que les paroles de ce Pere peuuent estre prises en diuers sens, qui ne sçauroient estre tous conformes au sentiment de l'Eglise, il est necessaire que le Pape determine quel est le sens Catholique qu'on leur doit donner, afin qu'on reçoiue ses paroles en ce sens seulement, ce que personne que luy ne peut declarer.

La raison qu'ils * alleguent pour donner quelque couleur à l'inuectiue qu'ils ont dressée contre Mr de Vabres, merite d'estre considerée. Ils disent qu'en écriuant au Pape il a des-honnoré son caractere, & qu'il a fait vne grande injure non seulement aux Euesques & à l'Eglise, mais au Pape mesme, ne s'estant pas soucié de commettre des Euesques de l'Eglise Romaine auec le grand saint Augustin, c'est à dire en effet de les commettre auec eux-mesmes, puis qu'ils ont approuué tant de fois la doctrine de ce Pere. Mais qui ne voit la folie de cette raison pretenduë? Puis que le Pape est le Chef de l'Eglise vniuerselle, & qu'en cette qualité il est l'Arbitre & le Iuge legitime de tous les differens qui peuuent arriuer entre les Catholiques, aux choses de la foy, & que son jugement definitif doit estre receu de tous les fidelles,** comme tous les Theologiens l'enseignent; n'est-ce pas vne manie d'oser soustenir,

* Folle accusation de dire, que Mr de Vabres en écriuant au Pape a deshonnoré son caractere, & qu'il a fait vne grande injure non seulement aux Euesques & à l'Eglise, mais au Pape mesme.

**Ceux mesme qui ont creu autrefois que le Pape n'estoit pas infaillible, n'õt pas laissé de soustenir qu'il falloit se sousmettre à tout ce qu'il determine aux choses de la foy: comme Mr du Val l'atteste dans les paroles que nous auons empruntées de luy au commencement de cette Defense.

que les Prelats qui écriuent au Pape, pour sçauoir son sentiment dans les matieres de la grace qui sont en controuerse, font en cela vne grande injure aux Euesques, à l'Eglise, & au Pape mesme? Certes il faudroit * estre aueugle, & entierement stupide pour ne pas reconnoistre que ceux qui parlent de la sorte font fort peu d'estat de l'autorité du Pape; n'y ayant nulle apparence qu'ils puissent fonder que sur ce mespris, l'injure imaginaire dont ils font tant de bruit, & qu'ils vangent par des discours outrageux & satyriques, contre l'honneur des Prelats qui ont écrit à Rome.

* Cette accusation ne peut proceder que d'vn dessein formé de ruiner l'autorité du Pape, & de faire vn schisme dans l'Eglise.

Car de dire qu'ils commettent les Euesques de l'Eglise Romaine auec le grand saint Augustin, & auec eux-mesmes, ce reproche ** n'est pas moins impertinent, qu'il est injurieux: parce que tous les Papes estant également infaillibles, il n'y a non plus de danger que les derniers condamnent vne doctrine veritable, que les premiers. Cette apprehension est tres-injurieuse au siege Apostolique, & elle ne peut tomber que dans l'esprit de ceux qui croyent, qu'il n'y a plus d'Eglise; puis que l'Eglise ne peut subsister si elle a vn chef qui soit capable de la precipiter dans l'erreur. Que si ces faiseurs de satyres ont des sentimens plus Catholiques, pourquoy se mettent-ils tant en peine d'vne chose qui ne sçauroit arriuer?

** Tous les Papes estant également infaillibles, c'est faire outrage à celuy d'apresent que d'apprehẽder qu'il puisse condamner vne doctrine que ses predecesseurs ont approuuée. Et ie voudrois bien sçauoir pour quelle raison ces Messieurs deferent tãt à quelques paroles du Pape Celestin, & de Clement VIII. & qu'ils font si peu d'estat de celles de Pie V. de Gregoire XIII. d'Vrbain VIII. & d'Innocẽt X. Les plus stupides peuuent iuger que cette inegalité est trop injuste, pour pouuoir proceder de quelque bon dessein.

Les Papes ne *** iugent-ils pas du sens qu'il faut

*** Puis que c'est au Pape de nous

faut donner aux paroles mesmes de la sainte Escriture? Pourquoy donc ne pourront-ils pas juger du sens veritable & Catholique que nous deuons donner à quelques paroles de saint Augustin? Vn Iansenifte aura bien la hardiesse d'expliquer ce Pere à sa mode, & de luy faire dire tout ce qu'il voudra; & le Vicaire de Iesus-Christ n'aura point la lumiere, ni l'authorité necessaire pour apprendre aux Chrestiens la maniere dont il faut l'entendre, pour ne pas tomber dans l'erreur? On alleguera * quelques Papes anciens qui ont donné de grands éloges à saint Augustin, pour couurir par cét artifice beaucoup d'erreurs qu'on impose à ce grand Docteur: & le Pape ne pourra pas juger plus sainement de la pensée de ses predecesseurs, touchant l'estat qu'ils ont fait, & qu'il faut faire de sa doctrine, cõme si l'authorité Apostolique estoit passée par vn saut merueillleux du Pape Celestin à quelque Nouateur de ce tẽps, & qu'elle ne fut point découlée iusques à Innocent X. par vne succession continuelle des Papes qui ont occupé le mesme Siege depuis Celestin.

apprendre en quel sens il faut entendre la sainte Ecriture. C'est vne estrange temerité de ne vouloir pas souffrir qu'il explique les paroles de saint Augustin, qui peuuent souffrir diuers sens.

* Il est bien plus raisonnable d'apprendre du Pape le sentiment de ses predecesseurs touchant la doctrine de saint Augustin, que ni de Iansenius, ni d'aucun Iansenifte, quelque habile qu'il soit.

Si ce ** procedé estoit receuable, qu'aurions nous de certain & de bien asseuré dans toute la doctrine de l'Eglise? Ne voyons nous pas qu'il n'y a point d'heretique qui ne tire saint Augustin de son costé, & qui ne puisse dire auec autant de raison qu'vn Iansenifte, que ses œuures estant approuuées par les anciens Papes,

** Si le procedé des Iansenistes estoit receuable, il n'y auroit rien d'asseuré dans la doctrine de l'Eglise, estant fort aisé à tous les heretiques de la combattre par des passages apparens de saint Augustin, comme on le voit par vne facheuse experience.

de vouloir maintenant en examiner quelques propositions, c'est vouloir commettre les Papes auec saint Augustin, & auec eux-mesmes, ce qui est injuste. Et par ce raisonnement l'on soustiendra que les Anges sont corporels, qu'il faut donner l'Eucharistie aux petits enfans apres le Baptesme, que Iesus-Christ n'est dans le saint Sacrement qu'en figure, que nous ne meritons rien par nos bonnes actions, que nous n'auons point de liberté, & plusieurs autres propositions erronnées qui se peuuent appuyer apparemment de quelques passages de saint Augustin. Mais nous deuons respondre aux vns & aux autres, que les loüanges que les Papes ont données autresfois à saint Augustin n'empeschent pas que ses écrits ne doiuent estre pris dans le sens de l'Eglise, & que quand il arriue quelque dispute touchant l'interpretation qu'il faut donner à ses paroles, on ne fasse tres-bien de * consulter le Pape viuant pour sçauoir en quel sens il faut les prendre, ses predecesseurs n'estant plus en estat d'estre consultez là-dessus. Vn homme de bien ne sçauroit contredire cette verité, tant elle est palpable, ni approuuer le procedé de Ruffin ** qui pour eluder la Sentence du Pape Anastase, qui estoit viuant, s'authorisoit d'vne lettre du Pape Siricius, qui estoit mort.

Si ces Escriuains *** passionnez & temeraires outragent les Euesques qui ont écrit à Rome,

* *Vides igitur in vniuersa Ecclesia Catholica Romanũ Pontificem præsidere solitum arbitrum scripturarum, & quidem non præsentium tantum, sed etiam prætertorium autorum, vt ea esse probata vel improbata omnes scirent, quæ ipsa Romana Ecclesia reciperet vel reiiceret.* Baron. ad An.490. n. 47.

** *Syritij iam in Domino dormientis profers Epistolam, & viuentis Anastasij dicta contemnis.* Hieronym. Apol. 2. aduersus Ruffinum cap. 6.

*** Ces Ecriuains passiõnez & insolẽs font vne plus gran-

ils font ſans doute vne plus grande injure aux autres, qui ſelon leur rapport, ont refuſé de contribuer à vn ſi bon deſſein; puis qu'ils ſe vantent de n'eſtre que leur organe, & d'auoir écrit par leur commandement. Et ie ne doute point que ces illuſtres Prelats ne deſauouënt vne entrepriſe ſi injuſte, & ſi éloignée de la pieté dont ils font profeſſion; eſtant choſe inouïe, & tres-ſcandaleuſe, que des Eueſques qui ſont ſi eſtroitement obligez d'empeſcher que les peuples ne ſoient infectez de l'air d'aucune mauuaiſe doctrine, prennent pour vn pernicieux deſſein la voye tres-loüable dont leurs confreres ſe ſont ſeruis pour arreſter ce deſordre, & qu'ils ayent commandé à des Eſcriuains furieux & eſceruellez, d'outrager horriblement par leur plume ſacrilege tant de venerables Prelats, qui ont témoigné leur zele & leur pieté en cette recontre. A Dieu ne plaiſe * qu'on croye que ces factieux ſont les organes & les Miniſtres de quelques Eueſques de l'aſſemblée, comme ils s'en vantent malicieuſement, & contre toute ſorte d'apparence. Nous deuons croire pluſtoſt qu'ils ſont les organes du malin eſprit, qui les porte à diffamer publiquement quantité de Prelats de ſainte vie & d'eminante doctrine, pour vn ſujet qui deuoit leur attirer les applaudiſſemens, & les benedictions de tous les Catholiques. Et nous ne croirons iamais que des Eueſques ſages & vertueux ſe portent

de injure aux Eueſques qui, ſelon leur rapport, ont refuſé de ſigner la lettre, qu'à ceux qu'ils blaſment de l'auoir ſignée.

*Il n'eſt nullement croyable que ces factieux ſoient les organes & les miniſtres de quelques Eueſques de l'Aſſemblée, comme ils s'en ventent par vne preſomption auſſi extrauagante, qu'elle eſt injurieuſe à ces Prelats.

pour interceſſeurs enuers le Pape, en faueur d'vne doctrine qui ne ſubſiſte que par paſſion, & par brigue; ni qu'ils veüillent faire ce tort à leur conſcience, & à leur reputation, que d'appuyer ouuertement quelques ſeditieux qui preferent leur caprice à l'authorité du ſaint Siege, & qui s'efforcent par leurs écrits Sophiſtiques de faire reuolter les peuples contre le Pape.

* C'eſt vne malice trop inſupportable de dire que Monſieur de Vabres veut mettre par ſa lettre vne diuiſion horrible dans l'Egliſe, puis que ſa lettre ne tend qu'à eſtouffer celle que ces Nouateurs ont excitée parmi les peuples.

Mais la raiſon * qu'ils alleguent pour colorer leur paſſion furieuſe n'eſt-elle pas bien excellente? Tout le monde voit que cette nouuelle doctrine a déja cauſé vne grande diuiſion parmi les Catholiques, & que ce mal augmente dautant plus qu'on le ſouffre. Il eſt tres conſtant auſſi qu'on ne ſçauroit eſteindre ce feu qu'en ſe ſouſmettant au jugement du Vicaire de Ieſus-Chriſt, comme tous les Catholiques ſont tenus de le faire; puis qu'il n'y a point d'autre voye dans le temps preſent, pour eſtre aſſeuré de la verité qu'il faut embraſſer, ni par conſequent pour calmer les eſprits qui la recherchent auec ſincerité. C'eſt donc vne malice trop inſuportable de dire que Monſieur de Vabres veut mettre en écriuant au Pape, vne diuiſion horrible dans l'Egliſe, puis que ſa lettre ne tend qu'à eſtouffer celle que ces Nouateurs ont cauſée, & qu'ils taſchent d'augmenter par toutes ſortes d'artifices, employant les promeſſes, les menaces, les preſens, les injures, & toutes les autres inuentions dont ils peuuent s'aduiser, pour decrier la doctrine de l'Eglise, & pour engager les personnes simples dans leur party. * Et la corruption est montée iusques à ce poinct d'excez, qu'ils ne font point scrupule d'acheter des Sectateurs à prix d'argent: De sorte qu'au lieu que Iesus-Christ dans l'establissement de sa Religion, ostoit les biens à ceux qui en auoient; ces Reformateurs au contraire offrent de l'argent, & de bonnes pensions à des personnes incommodées, lors qu'ils en esperent tirer quelque seruice pour l'aduancement de leur secte.

* Ces Reformateurs poursuiuent auec tant de passion l'establissement de leur secte, qu'ils ne font point de scrupule de donner de bonnes sommes d'argent pour auoir des sectateurs, comme on le pourroit prouuer par plusieurs exemples remarquables, s'il en estoit besoin.

Il est bien vray que comme la lettre des Euesques butte à bien reünir tous les vrais Catholiques entr'eux, sous l'vnique Chef de l'Eglise, elle butte aussi par consequent à les diuiser exterieurement d'auec ceux qui n'approuuēt point cette vnion si sainte & si necessaire. ** Estant chose insupportable & de tres-pernicieuse consequence, que des personnes qui s'éloignent d'vn sentiment si Catholique, sans lequel la veritable Religion ne sçauroit subsister, soient admises indifferemment à tout ce qui se pratique dans l'Eglise Romaine. Mais comme les nouueaux Reformateurs trouuent parfaittement leur conte en cette sorte d'vnion auec les Catholiques, il ne faut pas trouuer estrange qu'ils fulminent contre les Euesques qui desirent auoir vne nouuelle censure de leur doctrine;

** Ceux qui refusent auec tant d'opiniastreté de se soûmettre aux sentimens du saint Siege ne doiuent point estre meslez auec les Catholiques aux choses qui regardent la Religion: ce meslange estant tres-pernicieux, & tres-dõmageable aux ames. Comme on le voit par vn excellent passage de S Hierosme, rapporté de Maucler au commencement de cet ouurage.

parce qu'estant comme ils le témoignent ouuertement, dans la resolution de mespriser tout ce qui se fera à Rome au desaduantage de leurs maximes, ils seront contraints, au cas qu'ils soient condamnez, de se declarer contre le saint Siege, & de suiure * l'Abadie vn de leurs Chefs Principaux, qui a enfin monstré à tout le monde ce qu'il couuoit dans l'ame, il y a long-temps, par la profession de Caluiniste qu'il a faite dans Montauban, apres l'horrible scandale qu'il a causé dans les Dioceses de Bazas, & de Tholose. C'est-là le grand sujet de leur apprehension, voyant bien que leur separation d'auec les Catholiques seroit la ruine de leur party, qui ne subsiste que par le bien d'Eglise qu'ils possedent, & par les continuelles contributions qu'ils font faire, sous pretexte de charité, à beaucoup de personnes simples, qui ne penetrent pas dans leurs veritables desseins, & qui sans y penser fomentent vne heresie, au lieu qu'ils s'imaginent que l'argent qu'ils donnent par vne obeïssance bien aueugle, est employé en œuures pies. Mais comme ces Nouateurs font tous leurs efforts pour entretenir cette vnion, parce qu'elle leur est profitable, il ne faut pas trouuer estrange que les Euesques taschent de la rompre, puis qu'ils reconnoissent trop manifestement qu'elle est tres-domageable aux Catholiques, & que comme celle des renards de Sanson, elle ne tend qu'à mettre le feu dans les

* Cét exemple doit bien dõner de l'apprehension à tous ceux qui suiuent la nouuelle doctrine, puis qu'vn grand Iansenіste, qu'on faisoit passer pour vn Apostre, a troué si peu de difference entre ses sentimens & ceux de Calvin, qu'il a fait profession du Calvinisme dans Montauban, sans auoir renoncé aux maximes de Iansenius, comme il l'a declaré luy mesme dans vn liure imprimé.

moissons de l'Eglise. C'est le grand fruit qu'on attend de la lettre qu'ils ont écrite au Saint Pere, parce que s'il arriue comme on l'espere, que le saint Siege se declare ouuertement contre les propositions qui luy ont esté enuoyées, tous ceux qui refuseront de se sousmettre à vne authorité si legitime, passeront dans l'esprit des gens de bien pour heretiques, & seront retranchez de la communion des fidelles, en la maniere qu'on separe l'iuraye du bon grain, les brebis galeuses d'auec les saines, & les membres gangrenez d'auec ceux qui se portent bien.

Mais ces Orateurs *raffinez ne sont-ils pas admirables, lors qu'ils nous veulent persuader, qu'ils ont pris la plume en cette occasion, pour soustenir l'honneur du Pape? Comme si c'estoit soustenir l'honneur du Pape que de vouloir empescher que les Euesques ne le reconnoissent pour le Chef de l'Eglise vniuerselle, & pour le Iuge legitime des controuerses qui arriuent dans les choses de la foy. Ne faut-il pas auoir renoncé au sens commun, de pretendre qu'vn libelle schismatique qui a esté composé principalement à dessein de se joüer de l'authorité du saint Siege, soit pris par des gens d'esprit pour vne marque de l'honneur & du respect qu'on porte au Vicaire de Iesus-Christ? Quand ces Messieurs ont voulu donner deux testes à l'Eglise, ç'a esté pour honnorer le saint Siege; & maintenant qu'ils taschent d'abbatre ce Chef vnique qui la gou-

* Ces Orateurs raffinez sont bien agreables de nous vouloir persuader qu'ils ont pris la plume pour soustenir l'honneur du Pape, quoy qu'il n'y ait que des aueugles volontaires qui ne voyent tres-clairemẽt que leur libelle ne tend qu'à faire mépriser le Pape, & à diffamer le saint Siege.

uerne, ce n'eſt que pour ſouſtenir l'honneur du Pape N'eſt-ce pas vne merueille bien eſtráge, que les plus grands ennemis du Vicaire de Ieſus Chriſt, ſoient en meſme temps ſes meilleurs amis; & que ceux qui ont pour but principal de leurs eſtudes & de leurs écrits, d'abbatre la Monarchie de l'Egliſe, ne prennent la plume que pour ſouſtenir la dignité du ſaint Siege? * Et en quoy conſiſte cette affection ſi reſpectueuſe & ſi cordiale qu'ils ont pour le Pape? Elle conſiſte en ce qu'ils ne veulent pas qu'on le conſulte ſur les queſtions du temps, croyant que cela ne ſe peut faire ſans l'offencer extremement, & ſans l'expoſer au hazard de choquer ſaint Auguſtin, dont les moindres paroles ſont des Oracles ſi infaillibles, que le Pape ne ſçauroit ſans tomber dans l'hereſie, les prendre qu'au ſens que ces Meſſieurs les Illuminez leur donnent. De ſorte qu'eſtans, comme ils ſont en effet, fort jaloux de l'honneur du ſaint Siege, ils eſtiment qu'il ne faut pas le tanter de ce coſté-là, ni porter le Pape à vne entrepriſe qui ſurpaſſe ſon pouuoir & ſa capacité, & qui par conſequent ne ſçauroit reuſſir qu'à ſon des-honneur.

* C'eſt vne marque bien viſible de l'honneur que ces deuots Defenſeurs de l'Egliſe, rendent au Pape, de vouloir empeſcher par des diſcours infames & indignes d'vne plume Catholique, qu'on cõſulte ſa Sainteté ſur les queſtions du temps.

Certes il eſt ** eſtrange que des perſonnes qui ſe picquent de grand jugement, ſe puiſſent imaginer que leurs lecteurs prennent le meſpris viſible qu'ils font de l'authorité du Pape, pour vn grand témoignage d'affection & de reſpect en [illegible]ers ſa Sainteté. On s'eſtonne auſſi qu'ils meſlent les

** Le peu de jugement de ces calom[illegible]nia[illegible]eurs paroiſt en ce qu[illegible]ils ſe vantent [illegible]fois d'a[illegible]uoir [illegible]ement quelques [illegible] entie[illegible] [illegible]eres decredité les [illegible] Ieſuiſtes dans l'eſprit de tous les hommes, & que les Peres Iesuistes en cette affaire, comme ils font en toutes les autres, auec vn artifice si grossier, que les plus simples y peuuent remarquer aussi-tost leur passion. Ils les ont horriblement decriez par vne infinité de libelles, & en suitte ils ne manquent jamais de les faire interuenir en tout ce qui regarde la condamnation de leur doctrine, pour persuader au peuple par cette souplesse, que tout ce qui se fait icy ou ailleurs contre les Iansenistes, n'est qu'vn effet de la brigue & de l'animosité des Iesuistes. Si le Pape fait des Bulles contre Iansenius, ils disent que les Iesuistes en ont corrompu les paroles: si le Roy d'Espagne defend cette doctrine dans ses Estats, ils disent que ce sont les Iesuistes qui l'ont porté par de faux rapports à faire cette defense. Si l'Vniuersité de Doüay s'est hautement declarée contre ces nouueautez, ils disent que les Iesuistes en sont cause par leurs cabales, & par leurs artifices. Enfin si les Euesques de France écriuent au Pape, pour auoir son jugement definitif touchant quelques nouuelles propositions, les sinceres disciples de saint Augustin, qui ont de si tendres respects pour la gloire du saint Siege, soustiennent que les Iesuistes sont ceux qui ont donné la premiere ouuerture à cette dangereuse entreprise. Mais comme les autres suppositions sont folles & impertinentes, la derniere aussi est tres-malicieusement inuentée, estant veritable que la

d'ailleurs ils font voir qu'ils sont en si haute consideration par tout qu'ils gouuernent les Papes, les Rois & tout le monde.

lettre dont est question, estoit écrite auant que feu Monsieur de Mascon eut oüy parler de ce dessein, * & que luy estant presentée peu de iours auant sa mort, il la signa de tres-bon cœur, témoignant qu'il estoit rauy de rendre encore ce petit seruice à l'Eglise, auant que de mourir. Ce qui fait voir la mauuaise foy de ces imposteurs, qui veulent attribuer à vne passion dereglée & indigne d'vn Euesque, ce qu'vn tres-vertueux Prelat estima digne de sa pieté & de son zele, lors qu'il estoit sur le poinct d'aller rendre compte à Dieu de ses actions & de sa charge d'Euesque.

* Feu Mr de Mascon estant au lict de la mort signa la lettre de tres-bon cœur, témoignant qu'il estoit raui de rendre encore ce petit seruice à l'Eglise.

Ces calomniateurs non ** contens de noircir par leur libelle diffamatoire les Euesques qui ont écrit à Rome, blasment encore quelques Docteurs de la Faculté de Paris d'estre d'intelligence auec Monsieur de Vabres, & d'auoir tasché auec luy de surprendre quelques Prelats, en leur déguisant le fond des choses. Mais cette injure ne peut proceder que d'vn mauuais esprit, qui se fâche de paroistre deuant son Iuge legitime pour rendre conte de sa doctrine. Les Docteurs font serment de defendre la verité au peril mesme de leur vie, & l'on fait impunement des satyres contre ceux qui veulent s'acquiter de ce serment! On appelle intrigue & prudence charnelle, le zele qu'ils témoignent pour combattre l'erreur, & pour le mettre en euidance par les voyes ordinaires, qui ont esté

** Nouuelle injustice de ces calomniateurs qui accusent quelques Docteurs de la faculté d'auoir voulu surprendre quelques Prelats en leur déguisant le fond des choses.

toûjours pratiquées par les Vniuersitez Catholiques; Cependant qu'on empesche l'execution d'vn dessein si iuste, par des procedez pleins de fourberie, de violence & d'injustice. Et ces pratiques si odieuses, qui meriteroient des châtimens exemplaires, sont couuertes d'vn faux pretexte de defendre saint Augustin; comme si c'estoit procurer vn grand honneur à ce Saint, que d'empescher par vne manifeste tyrannie, que les sentimens qu'on luy attribuë ne soient adjustez auec les veritez de l'Eglise. Ce ne sont pas les vrais disciples de saint Augustin qui rendent vn si mauuais office à ce grand Saint, mais les veritables corrupteurs de sa doctrine, & les ennemis de sa pieté, puis qu'il leur a fait voir * par son propre exemple, qu'on ne pouuoit mieux faire que de s'adresser au Pape dans les controuerses qui regardent la foy.

* Tout le monde sçait que saint Augustin s'est adressé plusieurs fois au saint Siege pour cõbattre plus puissamment les heresies, estant fortifié par les paroles des Papes.

Pour donner ** plus de lustre à leur inuectiue, ils se vantent par vne rare modestie, d'abbatre par des responses solides & inuincibles tous les liures de leurs aduersaires, aussi-tost qu'ils voyent le iour; ce qui est tres-faux & tres-impertinent, quantité de bons liures ayant esté faits contre eux, ausquels ils n'ont rien respondu; & les responses qu'ils ont faites à quelques-vns estant si foibles & si ridicules, qu'il y auroit plus d'honneur à les mespriser, qu'à s'amuser à les combattre, comme on fait

** Vanité ridicule de ces discoureurs qui ont laissé sans réponse beaucoup de Liures qu'on a fait contre eux, & qui ont respondu à quelques-vns d'vne maniere tres-méprisable, & fort éloignée de cette haute reputation qu'ils se donnent eux-mesmes.

souuent auec perte de temps. Ils disent de * plus que les propositions qu'on a enuoyées à Rome ont esté si bien éclaircies, depuis qu'elles ont esté proposées à la Faculté, & qu'on en a monstré le veritable sens auec tant d'euidence, qu'on ne les peut condamner sans erreur, ni combattre sans temerité. Mais qui a iamais oüy parler de cét éclaircissement pretendu? On a bien veu quelques ouurages qui ont esté faits pour la defense de ces Theses, mais on a veu aussi bientost apres quelques responses qui ont fait connoistre aux plus aueugles, que ceux qui defendoient vne si mauuaise cause l'embarrassoient au lieu de l'éclaircir, & qu'ils l'affoiblissoient au lieu de la bien establir. De sorte qu'il n'y a nul sujet de croire qu'on puisse trouuer dans des Liures si peu considerables l'éclaircissement qu'ont nous promet. Et qui pourroit souffrir l'audace de ces presomptueux qui n'ont point de honte de soustenir, qu'on ne peut condamner leur doctrine sans erreur, ni la combattre sans temerité? ** Cela veut dire en bon François, que ni l'Vniuersité, ni le saint Siege mesme ne sçauroit censurer leurs maximes, sans tomber dans l'erreur. Cependant ils ne manqueront pas de protester cent fois qu'ils honnorent l'Vniuersité, comme leur Mere, & qu'ils respectent le Pape comme leur Pere. Mais cela s'entend en la mesme maniere qu'ils honnorent & qu'ils respectent les Euesques. Tandis que

* Autre vanité puerile de dire que ces propositiõs ont esté parfaittement éclaircies; estant certain qu'on n'a fait que les embroüiller par des conferences si peu dignes d'vn Theologien, qu'il faut n'auoir point de sens commun pour les estimer.

** Ces presomptueux soustiennent que le Pape mesme ne sçauroit cõdamner leur doctrine sans tomber dans l'erreur. Cepẽdant ils veulent persuader qu'ils n'écriuẽt que pour l'honneur & la gloire du siege Apostolique.

les Prelats ne leur disent mot, ou qu'ils fauorisent leur doctrine, ils sont leurs bons amis, & peu s'en faut qu'ils ne les égalent au Pape. Mais s'ils songent en façon du monde à examiner leur doctrine, il n'y a plus d'amitié ni de respect, & alors ils les considerent comme de simples Prestres, tant ils tiennent la balance iuste, & égale. * C'est ainsi qu'ils honnorent l'Vniuersité, pourueu qu'elle n'entre point en connoissance de leurs maximes, ils sont ses enfans tres-humbles & tres-affectionnez. Mais si elle entreprend de les examiner, ils luy declarent aussi-tost la guerre, & se fortifient du bras seculier pour fermer la bouche à ceux qui voudroient parler pour la verité. C'est dans ce mesme esprit qu'ils honnorent le Pape, estans prests à luy rendre toute sorte de sousmission, pourueu qu'il fauorise le Iansenisme; & d'appeller à vn Concile general, au cas qu'il le condamne. Quels eloges n'ont-ils pas donné au Pape, auant qu'il eust condamné comme heretique la proposition des deux Chefs? mais que n'ont-ils pas dit au mépris de son authorité, & de sa personne depuis cette condamnation? Ie suis bien asseuré que si Innoncent X. estoit Ianseniste, il seroit incontinent le plus grand Pape qui ait occupé le Siege de Rome depuis saint Pierre. Il n'y en auroit iamais eu ni de plus Saint, ni de plus prudent, ni de plus éclairé dans les matieres de la grace. Ses paroles

* Plaisante maniere d'honnorer l'Vniuersité, les Euesques, & le Pape, qui n'est fondée que sur vn interest humain & tres-dommageable à l'Eglise, & qui se change facilement en haine & en furie.

deuroient estre receuës comme des Oracles, & ce seroit vne obstination diabolique de ne point receuoir ses bulles auec vne parfaitte sousmission. Mais parce qu'il ne témoigne point d'inclination pour ce nouueau party, en voila assez pour le degrader de son authorité Souueraine, & pour luy faire perdre la qualité de Iuge de l'Eglise, qui a esté toûjours annexée au siege Apostolique. C'est vn Pape tres-ignorent, tres-peu éclairé dans les matieres de la grace, tres-imprudent dans ses censures, & qui se laissant gouuerner à la faction des Iesuistes, publie pour des veritez Catholiques des erreurs qui ont esté condamnées par ses predecesseurs.

En suitte d'vn discours si injurieux, ces Nouateurs proposent dix-huict considerations qui ne contiennent quasi rien que des discours pleins de passion & d'extrauagance, auec des redites importunes & malicieuses. * La premiere porte que le Clergé de France estant assemblé à Paris, Monsieur de Vabres deuoit proposer sa lettre à toute l'assemblée. Mais l'on a déja satisfait à cette plainte, à quoy l'on peut adjoûter que les Prelats de l'assemblée qui l'ont souscritte en particulier, sont si bien informez de l'affaire, qu'ils l'eussent signée sans doute auec la mesme liberté, quoy qu'on l'eust communiquée à tout le Corps. Et c'est vne vanité ridicule, & trop injurieuse à tant de sçauans

* Responce à la premiere considera tion qui suppose faussement que les Euesques ont esté portez à souscrire la lettre par surprise & par importunité.

Euesques qui l'ont signée, de dire qu'ils y ont esté portez par surprise, & par importunité, & qu'ils l'auroient rejettée s'ils auoient oüy dans l'assemblée toutes les raisons dont on l'eust combatuë en l'examinant. Car de quelles autres raisons eut on pû combattre cette lettre, que de celles que ces discoureurs proposent dans leur libelle diffamatoire, qui sont neantmoins si foibles que ce seroit n'estre point raisonnable que de les mettre au rang des raisons? * C'est aussi vne impertinence de dire, que ceux qui sont bien informez de ce qui s'est passé dans la Faculté de Paris, touchant ces propositions, n'ont pas souscrit la lettre; puis que de tant d'Euesques qui l'ont signée, il n'y en a point qui ne puisse estre tres-bien informé d'vne chose si publique & si scandaleuse. Et tant s'en faut que cette connoissance en deust détourner quelques-vns de contribuer à vne si bonne œuure, qu'elle deuroit au contraire les porter tous efficacement à en haster l'execution, pour confondre au plûtost par l'authorité du Pape, ceux qui ont employé mille supercheries pour empescher la Faculté de faire son deuoir.

* Impertinence de dire que ceux qui sont bien informez de ce qui s'est passé dans la Faculté de Paris touchant ces propositions, n'ont pas signé la lettre.

La seconde ** consideration porte que Monsieur de Vabres a recherché, & recherche autant qu'il peut, la signature des Prelats; que plusieurs l'ont refusée; qu'il y en a grand nombre à qui on n'a pas seulement osé en parler,

**Responce à la seconde consideration qui suppose faussement que Mr de Vabres s'est bien donné de la peine pour obtenir la signature des Euesques: & que

peu de Prelats l'ont signée.

ni en écrire; parce qu'on sçait qu'ils s'y seroient opposez, & qu'à considerer le grand nombre de Prelats qu'il y a en France, l'on en trouuera assez petit nombre qui l'ayent signée. Mais l'on a déja respondu que Monsieur de Vabres n'est point, & n'a iamais esté de l'humeur qu'on luy attribuë, & qu'il n'a rien fait en cette occasion qui ne soit digne de la grauité, & de la moderation d'vn Euesque. Et quand mesme il auroit recherché, & qu'il rechercheroit encore tous les iours auec empressement la signature des autres Euesques, son zele seroit en cela autant loüable, qu'on a sujet de blâmer ces écriuains audacieux & temeraires, qui luy en font des reproches comme de quelque grand crime. * On pourroit s'estonner au contraire qu'il y ait des Euesques, qui n'ont point voulu se joindre auec leurs Confreres dans vne cause si importante, & si necessaire pour le bien de l'Eglise; estant certain qu'il y a grande obligation deuant Dieu, non seulement de ne point approuuer les nouuelles doctrines, mais aussi de ne les point tolerer. ** Et il est incroyable que les deux Prelats qu'ils nomment approuuent leur doctrine, estant constant qu'ils ne l'ont pas toûjours approuuée, & qu'il n'y a nulle apparence de croire que le caractere Episcopal leur fasse paroistre maintenant fortes & inuincibles, des raisons qu'ils eussent autresfois méprisées. Quoy qu'il en soit, nous pouuons

* On voit par la lettre que le Pape Celestin a écrit autresfois aux Euesques de France, combien cette tolerance est pernicieuse, & contraire au deuoir d'vn vray Pasteur.

** On nous a asseuré de bonne part, que pas vn Euesque n'a voulu signer vne lettre que les Iansenistes leur ont presentée pour Rome, & qu'ils sont fort offencez de leur écrit insolent, & scandaleux.

pouuons dire deux choses pour repartir à ce qui suit: La premiere, qu'vn homme qui n'auroit point perdu le front, n'oseroit asseurer qu'vn assez petit nombre d'Euesques a signé la lettre, puis qu'on asseure, qu'il y en a déja soixante qui l'ont signée. La seconde, que Monsieur de Vabres seroit digne d'vne eternelle loüange, d'auoir écrit à Rome luy seul touchant le Iansenisme, quand par mal-heur non seulement tous les Euesques de l'assemblée du Clergé, mais aussi tous ceux de France auroient esté de contraire aduis, * Comme on loüe saint Ierôme d'auoir écrit au Pape Damase touchant l'Arianisme, lors que tous les Euesques d'Orient estoient infectez de cette heresie.

* Voyez les paroles de Maucler rapportées au commencement de cét écrit.

La troisiesme ** consideration porte, que les Euesques qui ont signé la lettre de Monsieur de Vabres, n'ont fait aucune assemblée entre eux pour examiner son dessein, & pour considerer meurement ce qu'il écrit, que les mouuemens arriuez sur le sujet du Liure de l'Euesque d'Ipre, deuoient estre appaisez par l'autorité du Concile de Trente: Car ces paroles marquent que la doctrine de Monsieur l'Euesque d'Ipre est contraire au Concile de Trente; Or il est sans doute que ces Prelats ne croyent pas que la doctrine de saint Augustin soit condamnée par le Concile de Trente, ils ne croyent donc pas que la doctrine de M. Iansenius soit celle de saint Augustin. Mais

** Responce à la troisiesme consideration qui porte, que les Euesques qui ont signé la lettre de Mr de Vabres, n'ont fait aucune assemblée entre eux pour examiner son dessein.

pour former ce jugement auec prudence, il faut auoir confronté Iansenius auec saint Augustin, ce qu'ils n'ont iamais fait. D'où l'Orateur conclut que ces Euesques ont esté surpris par les artifices de Monsieur de Vabres. * Il n'est pas pourtant mal aisé de respondre à ce Sophiste, & de le battre de ses propres armes. Estant visible en premier lieu que pour connoistre si quelques propositions sont contraires au Concile de Trente, il n'est nullement necessaire de sçauoir si elles sont contraires à saint Augustin, mais seulement de bien entendre ce qui est contenu dans ce Concile. Autrement n'y aiant rien non plus dans les autres Peres que dans saint Augustin, qui soit contraire au Concile de Trente, toutes les fois qu'il seroit question d'examiner si quelque proposition s'accorde auec la doctrine de ce Concile, il faudroit lire exactement tous les Peres, auant que de porter vn jugement solide là dessus; ce qui est tres ridicule, & qui fauorise ouuertement toutes les heresies. En effet il n'y a rien de plus aisé à des Nouateurs, que d'appuyer leurs erreurs de quelques paroles apparētes des Peres, particulierement de saint Augustin qui sert souuent, quoy que contre son intention, d'espée & de bouclier à tous ceux qui veulent brouïller l'Eglise, par quelque nouuelle doctrine; & d'eluder en suitte tout ce qui pourroit estre decretté contre leur doctrine, soit par les

* Pretention ridicule de vouloir qu'il faille fueilletter toutes les œuures de saint Augustin, pour sçauoir si quelques propositions sont contraires au Concile de Trente.

Papes, soit par les Conciles; estant certain qu'on ne prendra iamais la peine de fueilletter tous les Peres, pour iuger si elle leur est contraire.

On peut en second lieu * repousser cét argument sur ceux mesme qui le proposent. Car si nous ne pouuons point juger sainement que la doctrine de Iansenius n'est point conforme à celle du Concile de Trente, sans auoir confronté Iansenius auec saint Augustin, ce qui ne se peut faire qu'auec grand trauail, & en beaucoup d'années; nous dirons de mesme que ces Messieurs qui n'ont point voulu signer la lettre de Monsieur de Vabres, ne sçauroient juger prudemment & auec certitude, que la doctrine de Iansenius est conforme au Concile de Trente, sans l'auoir confrontée auec toutes les œuures de saint Augustin. Et qui pourra nous asseurer que quelques vns d'entre eux ont fait exactement cette confrontation? Et quand on en nommeroit quelqu'vn qui se fut donné cette peine, il faudroit encore sçauoir, selon la methode de nos Critiques, si tous ceux de ce party ont fait vne assemblée entre eux, pour examiner serieusement le trauail admirable de ce Confronteur pretendu; n'estant pas raisonnable qu'on confie à la simple parole d'vn Iansениste, quel qu'il soit, vne affaire si importante. Ainsi l'on voit que ce beau raisonnement tombe de luy mesme par terre, & qu'il

* On pourroit dire de mesme que pour iuger auec raison que ces propositions sont conformes au Concile de Trente, il faudroit les auoir confrontées auec toutes les œuures de saint Augustin. Sur tout dans le sentiment admirable de cét Abbé qui soustient que la glose du Concile de Trente doit estre tirée de saint Augustin.

n'est pas plus contre nous, que contre ceux qui l'ont inuenté.

A quoy i'adjouste * en troisiesme lieu, qu'il importe fort peu de sçauoir d'où les propositions qu'on enuoye à Rome ont esté tirées. Parce que si elles sont veritables, le Pape ne sçauroit les condamner, quand mesme elles seroient de Luther ou de Calvin; & si elles sont fausses, il est hors de doute qu'il peut les condamner, quoy qu'elles fussent de saint Augustin. I'adjouste aussi que quand on voudroit faire cette injure à tant d'Euesques qui ont écrit à Rome, dont il y en a plusieurs qui sont Docteurs de Sorbonne, de dire qu'ils n'ont iamais leu saint Augustin, ni aucun de ces Liures du temps, qui monstrent ouuertement par quantité d'excellens passages, que la doctrine de ce Saint touchant la grace est tres éloignée de celle que les ennemis de Monsieur de Vabres luy attribuent, il n'y auroit nul sujet de les accuser d'imprudence en ce qu'ils mandent au Pape, que les propositions qu'ils luy enuoyent leur semblent contraires au Concile de Trente; puis qu'il ne faut qu'vn peu de sincerité pour aduoüer qu'en cela ils ne disent rien qui ne soit tres-veritable, ou du moins tres-probable. Et qu'en tout cas ils ne font que proposer simplement leur pensée au saint Pere, en attendant là dessus sa derniere resolution: ce qui efface toute l'imprudence qu'on

* Il importe fort peu de sçauoir d'où les propositiõs qu'on enuoie à Rome ont esté tirées: & l'on peut dire sans imprudence, qu'elles sont contraires au Concile de Trente, quoy qu'on n'ait point leu saint Augustin.

pourroit feindre en leur procedé.

La* quatriesme consideration veut persuader aux Euesques qui ont écrit à Rome, qu'ils ont par ce fait mesme renoncé au pouuoir qu'ils ont receu de Iesus Christ d'examiner, & de juger en premiere instance les causes majeures qui regardent la foy & la discipline, pour se reduire non seulement à n'en pas juger iuridiquement, comme des Euesques, à n'en pas juger doctrinalement comme des Facultez de Theologie, mais à n'en pas connoistre mesme comme des Docteurs par quelque examen de questions, ou quelque conference arbitrale des parties, & à les rapporter purement & simplement à la decision du saint Siege en premiere instance, comme feroient de simples particuliers. Mais ces mesdisans sont si aueuglez de passion qu'ils ne sçauent ce qu'ils disent. ** On pourroit faire voir par vne infinité d'exemples, que les Euesques de France n'ont iamais fait difficulté d'écrire au saint Siege pour des affaires de consequence, auant que d'en auoir jugé eux mesmes juridiquement. Et bien que lors qu'ils sont assemblez dans des Conciles, ils portent jugement des choses qui regardent la foy & les bonnes mœurs, & qu'ils fassent des reglemens qui concernent le salut des peuples, c'est vne pure réverie d'exiger la mesme chose des Euesques qui composent l'assemblée du Clergé; puis que cette assemblée ne se fait

* Response à la quatriesme consideration qui pretend ridiculement que les Euesques qui ont écrit à Rome, ont par ce fait mesme renoncé au pouuoir qu'ils ont receu de Iesus-Christ, d'examiner en premiere instance les causes majeures.

** Les Euesques de France n'ont iamais fait difficulté d'écrire au saint Siege pour des affaires de consequence, auant que d'en auoir iugé eux-mesmes iuridiquement. Comme on le peut recueillir des passages que nous auons rapportez au commencement de cette defense.

point pour cela, comme nous l'auons déja remarqué plusieurs fois. Ainsi les Prelats ont peu sans faire tort à leur authorité, écrire directement au saint Pere pour auoir son jugement touchant les questions du temps. Et la prudence mesme les * a obligez d'y proceder de la sorte; estant tres-constant que s'ils eussent entrepris de faire des assemblées, pour iuger en premiere instance de cette affaire, ces furieux qui les blasment maintenant de n'en auoir pas fait, eussent mis le feu par tout Paris, plustost que de souffrir qu'ils y eussent rien conclu, sinon qu'ils s'y feussent sentis les plus forts. Il ne faut que s'informer vn peu particulierement de la maniere dont ces pieux disciples de saint Augustin se comportent depuis deux ans dans les assemblées de Sorbonne, pour n'entrer en aucun doute de cette verité.

* Les Euesques ont esté obligez par prudence de consulter le Pape en l'affaire dont il s'agist, auant que de faire aucune assemblée pour en iuger eux-mesmes en premiere instance. Car outre qu'on ne les a point requis de donner leur iugement là dessus, & qu'ils n'estoient point assemblez dans vn Concile pour le pouuoir faire iuridiquemẽt quand ils l'auroient fait, se feroit-on arresté à leur Sentence, puis qu'on méprise celle du Pape?

La cinquiesme ** consideration nous apprend, que si les Euesques qui ont signé la lettre eussent voulu faire l'honneur aux disciples de Saint Augustin, & à leurs aduersaires de les entendre sur ce sujet, ils eussent veu clairement que ces propositions sont tres-veritables dans le sens qu'elles ont en elles mesmes, selon les principes de Saint Augustin, qui est celuy auquel on les soustient vrayes, & que personne ne les soustient dans le mauuais sens qu'elles peuuent receuoir. Mais cette plainte n'est pas moins extrauagante que les

** Responce à la cinquiesme consideration qui pretend que les Euesques n'eussẽt point écrit à Rome, s'ils eussent fait l'honneur aux disciples de saint Augustin de les entendre sur ce sujet.

autres, puiſqu'elle fait voir tout enſemble & le peu d'eſtat que ces reformateurs pretendus font de la ſuffiſance de tant de Prelats qui ont ſigné la lettre ; & la grande opinion qu'ils ont d'eux-meſmes, s'imaginant follement qu'ils ſont les ſeuls en toute l'Egliſe qui penetrent bien auant dans les matieres de la grace. Ne ſont-ils pas bien plaiſans de demander des conferances pendant qu'ils portent le maſque, & qu'il eſt en leur pouuoir de ſe rendre inuiſibles quand on les voudra joindre de prés? Ils ſont aſſez genereux pour défier tout le monde, mais quand on ſe porte ſur les lieux pour leur faire raiſon, on ne trouue perſonne, comme on le voit manifeſtement dans le défi que * Monſieur le Moyne leur a donné depuis peu en preſence de plus de mille perſonnes. Et dequoy eut ſeruy aux Eueſques qui ont ecrit au Pape, de faire l'honneur aux diſciples de Saint Auguſtin de les entendre ſur ce ſujet? Ces Prelats euſſent eu le deplaiſir de voir des hommes paſſionnez, dont les plus fortes raiſons ſont les crieries & les injures, & qui ont reſolu de perir plutoſt que de ſe rendre à la verité qui ne leur eſt que trop connuë. Ils auroient veu des teſtes fumantes, des yeux eſtincelans, des bouches bordées d'eſcumę, des viſages effroyables, & des contenances plus ſeantes à des furieux qu'à des Theologiens bien ſenſez. Ils auroient veu des monſ-

* *Sin vero iudicium illius refugis communibus votis, Illuſtriſſimum Archipreſulem Pariſienſem Antiſtitem noſtrum, ſi tamen ex illius ouili, vel alterius Epiſcopi exiſtis: aut ſi velis, ſelectos ex vtroque Cleri Gallicani ſacratiſſimo ordine Illuſtriſſimos ac Reuerendiſſimos Præſules, viroſque ampliſſimos qui nunc Pariſiis congregati ſunt, humiliter obſecremus, vt præcipua diſſidij noſtri capita Theologis Profeſſoribus diſceptanda cõmittans deinde auditis eorum relationibus, dijudicent ac decernant, &c.* Præfat. ad lib. de dono orandi.

tres de vanité, de presomption, de malice qui se liguent pour ruïner l'Eglise, & qui abusent honteusement du nom & des paroles de Saint Augustin, pour restablir vne heresie que l'Ange tutelaire de la France auoit quasi esteinte. Ils auroient veu des cajolleurs qui n'auroient pas manqué apres cette conferance, de publier par tout que l'aduantage leur seroit demeuré sur les Catholiques, quoy que tout le contraire y fut arriué. Ne sçait-on pas bien qu'ils ont le don des langues, & que par des figures dorées de leur nouuelle Rhetorique, ils ont trouué l'art de changer leurs disgraces & leurs defaites honteuses, en des victoires glorieuses & immortelles? Messieurs les Euesques sçauent bien ce qui arriua apres le Colloque de Poissy. * Il est constant, que le Cardinal de Lorraine & les Docteurs de Paris combatirent solidement tout ce que Theodore de Beze, & les autres Ministres Huguenots mirent en auant en faueur de la nouuelle Religion, & que l'aduantage de cette dispute demeura du costé des Catholiques. Les Heretiques neantmoins ne laisserent pas d'en recueillir tout le fruit pour lequel ils l'auoient demandée. Car comme remarque ** vn celebre Historien, *apres qu'on eut tenu ce Colloque, ils publierent par tout qu'ils auoient prouué leur creance, conuaincu les Docteurs Catholiques, confondu le Cardinal de Lorraine, & obtenu du Roy la permission*

* On voit par ce qui arriua apres le Colloque de Poissy, le danger qu'il y à de faire des Conferances auec des nouateurs, qui ont assez d'adresse de tirer aduantage de toutes choses, mesme de leurs disgraces.

** Auila tome I. page 92.

permiſſion de publier leur doctrine. A raiſon de quoy de leur authorité propre ils commencerent dés lors de s'aſſembler où ils trouuoient bon, & d'aſſiſter publiquement à leurs Preſches & à leurs Ceremonies, où tant de peuple & de Nobleſſe ſe rendoient en foule, qu'il n'y auoit plus moyen de les empeſcher ny de les retenir. * *Que ſi les Magiſtrats y penſoient apporter quelque obſtacle, ou les Catholiques les chaſſer des Egliſes dans leſquelles ils s'aſſembloient, ils en deuenoient alors plus inſolens, & prenant les armes ſans reſpect ne vouloient point entendre raiſon, mais ſe la faiſoient eux meſmes. De là naiſſoient cependant de ſi cruelles diſſentions ſous les noms de Huguenots & de Papiſtes, que les Prouinces en eſtoient toutes bouleuerſees, les peuples inquietez, les leuées de deniers Royaux interrompues, & vne ſecrete mais dangereuſe guerre alumée au milieu de la paix.* Voilà le vray eſprit des Ianſeniſtes, quoy que generalement tous leurs liures ne ſoient remplis que de fauſſetez, d'ignorances & de malices, & qu'ils reſpondent fort peu ſouuent auec quelque ſolidité à ce qu'on leur oppoſe, ils ſont neantmoins touſjours victorieux, perſonne ne leur peut reſiſter, ils confondent tous ceux qui ont la hardieſſe de les attaquer, & d'vn ſeul coup ils abbatent à leurs pieds tous les Eueſques, & tous les Docteurs Catholiques. Et il eſt à craindre, que ſi on les laiſſe agir tousjours ſelon l'eſprit qui les pouſſe, comme on l'a ſouffert

* Ces paroles conſiderables font voir à tous ceux qui ont quelque amour, ie ne dis pas pour l'Egliſe, & pour la Religion Catholique, mais ſeulemēt pour le bien temporel de ce Royaume, le dāger euidant où l'on ſe met de ſouffrir vne nouuelle ſecte, qui fait desja tant de rauages en cette ville & ailleurs.

jusques icy, on ne voye bien-tost la France replongée dans les mesmes confusions, que leurs predecesseurs causerent par tout ce Royaume le siecle passé.

* Responſe à la ſixieſme conſideration qui preteñd follement que la Bulle d'Vrbain VIII. contre Ianſenius eſt nulle, & qu'elle n'a eſté receuë ni dans Paris, ni en Flandre.

La * sixiesme consideration s'estonne de l'authorité que Monsieur de Vabres veut donner à la fausse Bulle du feu Pape Vrbain VIII. contre le liure de Monsieur l'Euesque d'Ypre, puisque les difficultez & les raisons que l'on luy a opposées ont esté jugées si solides & si inuincibles qu'elles ont empesché la Faculté de Paris de la receuoir, aussi-bien que toute l'Vniuersité de Louuain, & que les Iesuites n'ont peu encore auec toutes leurs intrigues & leurs violances, la faire receuoir par les Euesques du Païs-bas. Mais cét estonnement n'est qu'vne malice affectée, estant constant qu'Vrbain VIII. a maintenu sa Bulle contre toutes les oppositions qu'on y a faites, & qu'il a témoigné beaucoup de fois d'estre fort mécontant du procedé de quelques broüillons, qui taschoient d'en affoiblir l'authorité par des raisons friuoles & pueriles. Il est constant aussi que cette Bulle a esté publiée il y a sept ou huict ans dans les Parroisses de cette ville, par le commandement de Monseigneur l'Archeuesque. ** Que la Sorbonne l'a receuë aux choses qui regardent la doctrine, comme ces imposteurs l'ont aduoüé eux mesmes dans la seconde Apologie de Iansenius.

**On dit qu'il faut que les menteurs ayent bonne memoire, afin qu'ils ne se couppent point eux meſmes par leurs diſcours. Ceux cy en manquent, auſſi bien que de iugement, & de conſcience, puis qu'ils ont ad-

Que l'Vniuersité de Doüay l'a aussi receuë auec l'agréement general de tous les Docteurs, comme nous l'apprenons des ouurages qu'ils ont fait imprimer sur ce sujet. Que mesme plusieurs des principaux Docteurs de Louvain l'ont receuë, jugeant bien que toutes les raisons dont quelques chicaneurs taschoient d'en prouuer la nullité, estoient nulles. Que hors deux ou trois Euesques du Païs-bas tous les autres ont deferé à cette Bulle, & aux brefs que le Pape d'apresent leur a fait expedier pour cét effet. Qu'elle est obseruée inuiolablement, non seulement dans l'Italie, mais aussi dans l'Espagne, quelque bruit que ces fourbes ayent fait courir du contraire, pour seduire les ames par cét artifice. Et enfin que le Cardinal Grimaldi, qui estoit Nonce en France lors que cette Bulle parut, * & Monseigneur le Nonce d'apresent ont toûjours témoigné hautement qu'elle estoit veritable, & que c'estoit offencer le saint Siege trop malicieusement que de la tenir pour subreptice, & de prendre sujet de là de n'en faire point de conte. Et apres des conuictions si fortes, on aura la hardiesse d'outrager vn Euesque, parce qu'il a fait mention de cette Bulle dans la lettre qu'il a écrite au Pape? Il faut aduoüer que nostre siecle est bien malheureux & bien corrompu, de souffrir vn scandale si effroyable.

uoüé en la 2. Apologie de Iansenius page 101. que la Bulle d'Vrbain 8. ayant esté leuë en Sorbonne, la Faculté fit vn decret par lequel il fut defendu aux Docteurs, & aux Bacheliers de soustenir aucune des propositions qui y sont condamnées.

* Les personnes simples qui s'imaginent que la Bulle dont on parle est nulle, n'auröt point d'excuse deuant Dieu, puis qu'il leur est tres-aisé d'en sçauoir la verité par Monseigneur le Nonce qui est d'ordinaire à Paris.

*Quoi que tous les Catholiques soiët tenus de garder la Bulle aux choses qui touchent la doctrine, on peut estre dispensé legitimement de la garder en ce qui touche la defense d'imprimer des Liures, qui n'est qu'vn poinct de police. Et pour monstrer que le Pape n'a pas dessein de nous obliger en ce poinct, il suffit de remarquer que sa Sainteté a remercié par vn bref exprés Monsieur de Vabres du seruice qu'il a rendu à l'Eglise par les ouurages qu'il a composez pour la defense de la foy de l'Eglise, & pour l'authorité de saint Pierre.

Et pour ce qu'ils adjoustent, * que les Iesuistes montrent par leur exemple le peu d'estat qu'on doit faire de cette Bulle, puis qu'ils ne laissent pas d'écrire des matieres de la grace, nonobstant la defense qu'elle en fait, on répond qu'il n'y a rien qui puisse descharger vn Catholique de l'obligation de receuoir cette Bulle, aux choses qui regardent la doctrine, puis que nous pouuons la garder en cela sans aucun inconueniant; n'y ayant nul danger de croire ce que le Pape veut que nous croyons, touchant la grace & la liberté. Mais pour ce qui est de la defense d'écrire portée par la Bulle, on peut estre legitimement dispensé de ce poinct, qui n'est que de police, lors que l'obeïssance seroit dômageable à l'Eglise, comme elle le seroit sans doute dans la conjoncture où les choses se trouuent à present. Le Pape condamne la doctrine des Iansenistes, & de plus il ordonne que pour le bien de la paix on ne fasse plus de Liures sur cette matiere: I'adouuë qu'il seroit expedient de bien obseruer cette defense de part & d'autre, pour rendre vne sousmission plus entiere au saint Siege. Mais ie soustiens aussi que tandis que les Iansenistes continueront de publier des Liures, en faueur de la doctrine que le Pape a condamnée, il n'y aura nulle obligation de garder la defense qui est faite d'écrire contre eux. Ce seroit au contraire vne euidante injustice, & vne infame laſcheté d'abandonner la verité entre les mains de ſes ennemis, au prejudice de tant d'ames qu'ils taſchent de peruertir par leurs écrits. Et ſur tout de l'abandonner entre les mains de ces preſomptueux, qui feroient auſſi-toſt trophée de noſtre ſilence, imputant à foibleſſe ce qui ne viendroit que d'vn pur deſir d'obeïr, dequoy les perſonnes ſimples & ignorantes receuroient vn tres-grand dõmage. * Ainſi dans les circonſtances où nous nous trouuons, il n'y a point d'homme raiſonnable qui puiſſe iuger equitablement que nous ſommes tenus de nous taire, pendant que les ennemis du ſaint Siege parlent impudemment; n'y ayant point de moyen plus propre pour fauoriſer leurs deſſeins, que de laiſſer courir leurs ouurages ſans aucune reſponſe. Le Roy peut bien defendre à ſes ſujets ſous de griefues peines, de porter l'épée, & de ſe battre; mais s'il ſe trouue des François aſſez temeraires pour faire des querelles, nonobſtant cette defenſe, les autres ſeroient fort mal conſeillez de ne pas ſe tenir ſur leurs gardes, & de ſe laiſſer égorger doucement; ou de ſouffrir ſans mot dire qu'on aſſaſſinaſt leurs parens & leurs amis, de peur de deſobeïr au Roy. ** Tout le monde ſçait qu'il n'y a ni droict diuin, ni droict humain qui empeſche vn homme de defendre ſa perſonne, ſes parens, ſes amis, ſa patrie, lors qu'on l'attaque injuſtement. Et qui doute que nous ne deuions pre-

* Dans les circonſtances preſentes perſonne ne peut iuger equitablemẽt que nous ſoyons tenus de garder la Bulle du Pape, en ce qu'il defend d'écrire des matieres de la grace.

** Il n'y a ni droit diuin ni humain qui nous empeſche de defẽdre nos perſonnes, & celles de nos parẽs lors qu'on les attaque injuſtement. Et encore moins de ſeruir l'Egliſe ſelon nos

ferer la foy, la religion, le ſalut des ames, & le bien de l'Egliſe à toute la Nature? Ne ſçauons nous pas qu'ayant l'honneur d'eſtre enfans de Ieſus-Chriſt par le Bapteſme, nous ſommes obligez d'expoſer nos vies pour le ſalut de nos freres, qu'il a rachettez de ſon ſang precieux? Comment donc peut-on nous obliger de ſouffrir ſans nous plaindre, que des enfans deſnaturez déchirent cruellement les entrailles de l'Egliſe leur Mere? Par quelle raiſon veut-on empeſcher qu'on ne crie, pour éveiller ces Paſteurs qui dorment, pendant que des loups enragez font vn rauage épouuantable dans le troupeau de Ieſus-Chriſt? Eſt-ce vne * ſage conduite de ne vouloir pas, pendant qu'on empoiſonne les ames par vne mal-heureuſe doctrine, que perſonne trauaille à preparer les antidotes qui ſont neceſſaires pour arreſter ce mal? Ne faiſons point ce tort au Pape de croire qu'il ſoit dans ce ſentiment, il eſt trop éloigné de nous pour ſçauoir la centieſme partie du domage que la nouuelle doctrine cauſe en ce païs. S'il en eſtoit bien informé, tant s'en faut qu'il trouuaſt mauuais, qu'on taſche d'y apporter quelque remede par la plume, qu'il combleroit de benedictions Apoſtoliques tous ceux qui écriuent contre ces nouueautez: dont le deſſein n'eſt pas de deſobeïr à ſa Sainteté, mais de reſiſter à des obſtinez qui deshonnorent ſa perſonne, qui combattent ſon authorité, & qui meſ-

forces, lors qu'elle a beſoin de noſtre ſeruice.

* C'eſt faire injure au Pape de s'imaginer, qu'il n'entend pas que perſonne s'oppoſe aux deſſeins pernicieux de ceux qui continuent de peruertir les ames, par la doctrine que le ſaint Siege a tant de fois condamnée, & qui portent les peuples par leurs écrits ſeditieux à mépriſer l'autorité de l'Egliſe Romaine. C'eſt cõme qui diroit que le Roi n'entend pas qu'on reſiſte à ceux qui mettent le feu dans les maiſons, & qui empoiſõnent les puits, & les fontaines de ce Roiaume. Ce qui ſurpaſſeroit toutes les folies imaginables.

prisent ses censures, aux choses mesme qui regardent la foy; & d'empescher par cette resistance si necessaire, que les peuples ne soient diuertis du respect, de l'amour, & de l'obeïssance qu'ils doiuent à l'Eglise Romaine.

La septiesme * consideration pretend monstrer que la Bulle d'Vrbain VIII. est grandement injurieuse aux Euesques, en ce qu'elle les sousmet à l'excommunication, & autres peines mesme corporelles, au cas qu'ils ne l'obseruent point. Ce qui ne procede que d'vn esprit schismatique, qui veut rendre tous les Euesques égaux au Pape, & independans de sa jurisdiction, sous pretexte de les honnorer. Comme si tant d'illustres Prelats qui ont receu la Bulle hors de ce Royaume, & ceux mesme qui l'ont approuuée par la lettre qu'ils ont écrite à Rome, estoient moins jaloux de leur propre authorité, que ceux qui font si mal à propos les passionnez pour l'honneur de leur caractere. Ne sont-ils pas plaisans de vouloir que les Euesques souffrent leurs heresies, sur l'asseurance qu'ils leur donnent d'estre les plus sinceres Venerateurs de la dignité Episcopale, les heritiers du zele & les defenseurs de la doctrine du defenseur illustre de tout le Clergé de France? Ces Prelats sont trop sages & trop vertueux, pour estre destournez de faire leur charge par vne raison si humaine. Et quoy qu'ils fassent grand estat de l'amitié de ces venerables defen-

* Response à la septiesme consideration qui ne butte qu'à rendre les Euesques égaux au Pape, en les faisant independans de sa iurisdiction, sous couleur de les honnorer, & de maintenir leur autorité. Mais ces Messieurs sont trop sages pour preferer la flatterie d'vn ennemy couuert, qui leur dira bien-tost des injures, à la parole veritable & des-interessée d'vn Saint, de qui ils ont appris ces mots.

Aliorum potestas certis arctatur limitibus, tua extenditur, & in ipsos qui potestatem super alios acceperunt. Nonne si causa extiterit, tu Episcopo cœlum claudere, tu ipsum ab Episcopatu deponere, etiam & tradere Satanæ potes? S. Bernardus lib. 2. de Consider. cap. 8.

ſeurs de leur dignité, ils ne croyent pas pourtant que pour meriter la continuation de cette faueur, ils doiuent intereſſer leurs conſciences, en abandonnant la cauſe de Dieu qu'ils ont defendue iuſqu'icy auec tant de zele & de gloire. * Quand ils conſiderent que ces illuſtres defenſeurs de tout le Clergé de France enſeignent ouuertement, que la puiſſance des Eueſques, des Curez, des Archidiacres, & de tous les autres Miniſtres des Eueſques eſt toute la meſme & d'vne meſme nature, n'eſtant ſeulement differente qu'en la maniere que l'eau du ruiſſeau eſt differente de celle de la ſource. Que la juriſdiction & le gouuernement des Eueſques particuliers, & celuy du Pape meſme peut eſtre ſuppleé, & qu'il a meſme ſouuent eſté ſuppleé par de ſimples Preſtres. Et que du temps de l'Egliſe primitiue tous les Eueſques qui tomboient en peché mortel, eſtoient priuez de leurs Eueſchez: quand, dis-je, les Prelats qui ont écrit à Rome, conſiderent meurement toutes ces propoſitions, qui ſont ſi honnorables & ſi aduantageuſes aux Eueſques, il ne ſe peut dire de quels ſentimens de reconnoiſſance & d'obligation ils ſont portez à fauoriſer ces braues defenſeurs de la dignité Epiſcopale, & de tout le Clergé de France: Neantmoins parce qu'ils ſont plus obligez à faire la charge de Paſteurs, qu'à ſuiure les intereſts des amateurs de leur Paſtorat, ils croyent que ſans tomber

* Ces propoſitions qui ſont tres-injurieuſes aux Eueſques, ont eſté ramaſſées auec beaucoup d'autres qui ne ſçauroient eſtre ſoûtenuës ſans erreur dans vn petit Liure intitulé, *Theologia Petri Aurelij.*

tomber dans le vice d'ingratitude, il leur eſt permis de donner aduis au ſaint Pere de ce qui ſe paſſe en France, touchant les nouuelles doctrines.

La conſideration * huictieſme ne peut ſouffrir que dans la Bulle d'Vrbain VIII. l'Eueſque d'Ypre ſoit nommé ſimplement Ianſenius, au lieu que les Ieſuiſtes y ſont appellez Peres, & porte auec ardeur tous les Eueſques à prendre cette façon de parler pour vne double injure faite à leur dignité. Mais qui ne voit combien cette plainte eſt legere & puerile? Il eſt conſtant que la premiere fois que la Bulle parle de Ianſenius, elle luy donne la qualité d'Eueſque d'Ypre; & bien que dans la ſuitte du diſcours elle ne repete point cette qualité, lors qu'elle fait mention de cét Autheur, on ne peut dire auec raiſon que cela ſe faſſe par mépris; puis que la façon ordinaire de parler de quelqu'vn, n'oblige point à ces ſortes de redites, comme tout le monde ſçait. On voit meſme que ſelon l'vſage de tous les Ecriuains, il arriue tres-ſouuent qu'on cite beaucoup de fois vn meſme Autheur, ſans faire iamais mention de ſa qualité, quelle que ce ſoit. ** De quoy ie ne prens point d'autres témoins que nos Reformateurs pretendus, qui citeront cent fois Baronius, Bellarmin, Duperron, Hincmar, Coeffeteau & autres, ſans faire aucune mention de leurs dignitez; Pourquoy donc le Pape n'au-

* Reſponſe à la huictieſme conſideration qui ſe plaint fort iudicieuſement de ce que dans la Bulle d'Vrbain VIII. l'Eueſque d'Ypre eſt nommé ſimplement Ianſenius, au lieu que les Ieſuiſtes y ſont appellez Peres.

** Ces Critiques ne voient pas qu'ils ſe condamnent eux meſmes par leur propre plume, puis qu'encore qu'ils n'ayent point du tout autant d'autorité que le Pape, ils citent cent fois des Cardinaux, & des

Euesques par leur seul surnom sans iamais faire mention de leur qualité.

ra-t'il pas la liberté que ces Critiques prennent eux mesmes, quoy qu'ils soient les adorateurs & les vniques restaurateurs de l'honneur qu'on doit porter aux Euesques ? Est-il raisonnable de vouloir aigrir les Prelats contre le Pere commun de l'Eglise, parce qu'il parle auec autant, & mesme auec plus de respect de Iansenius, que le moindre écriuain du monde en pourroit parler sans mépris, & sans inciuilité: Et qu'il en parle de la sorte lors qu'il condamne sa doctrine, & qu'il l'accuse d'auoir renouuellé au grand scandale de l'Eglise, beaucoup de propositions condamnées par ses predecesseurs? C'est à dire lors qu'il le blasme indirectement d'auoir fait vn grand outrage à la dignité Episcopale; estant certain que les Euesques qui méprisent l'authorité du saint Siege, & qui scandalizent l'Eglise par vne fausse doctrine, font vne beaucoup plus grande injure à l'Ordre Episcopal, que les particuliers qui tombent dans cét excez.

*Ces chicaneurs sōt trop ridicules de se plaindre d'vne façō de parler des Iesuistes & de tous les Religieux, qui est en la bouche de tout le monde, puis que & les Papes, & les Empereurs leur font l'honneur de les appeller Peres: & qu'eux mesmes ne leur refusét point cette qualité, mesme en leur disant des injures.

Pour ce qui est de * la qualité de Peres qui est donnée aux Iesuistes par le Pape, il n'y a que des chicaneurs qui puissent la leur contester, ni que des seditieux qui puissent en prendre sujet de broüiller les Euesques auec le Pape; puis que c'est la qualité ordinaire que tous les Euesques, & tous les Papes, tous les Rois, & tous les Empereurs, & en vn mot tous les hommes de quelque condition qu'ils soient, donnent generalement à tous les Religieux Prestres, sans prejudice du respect qu'ils doiuent aux puissances superieures. Et pour monstrer plus clairement la passion de ces melancholiques, qui s'affligent & prennent ombrage de tout, il ne faut qu'ouurir leurs Liures pour y lire leur condamnation en vne infinité d'endroits, où l'on trouuera en grosse lettre les noms de Pere Sirmond, Pere Petau, Pere Caussin, Pere l'Abbe, & de beaucoup d'autres Iesuistes. Certes il est bien à propos que ces Messieurs reforment le commun langage des Papes, comme ils ont entrepris de reformer leur doctrine, & que pour releuer dauantage la dignité des Euesques, en mesme temps qu'ils les degradent pour vn peché mortel, & qu'ils ne leur donnent point d'autre sorte de pouuoir qu'aux derniers de leurs Officiers, ils ordonnent par vn decret solemnel qu'il ne soit permis ni aux Papes, ni aux Empereurs, ni à qui que ce soit, sous peine d'excommunication, de donner aux Religieux, particulierement aux Iesuistes la qualité de Peres.

La neufiesme * consideration soustient que Monsieur de Vabres a grandement excedé, lors qu'il a dit dãs sa lettre que le Pape Vrbain VIII. a prononcé contre les dogmes de M. Iansenius. Car on ne peut trouuer en toute la Bulle aucuns termes, dont on puisse inferer que ce Liure soit condamné, comme contenant quel-

* Response à la neufiesme consideration qui blasme Mr de Vabres d'auoir dit que le Pape Vrbain VIII. a prononcé contre les dogmes de Iansenius.

que erreur, mais ſeulement defendu comme le ſont les Theſes des Ieſuiſtes, & autres ouurages dont les ſentimens ſont oppoſez. Que ſi Monſieur de Vabres pretend que la Bulle dit, que le Liure de Monſieur d'Ypre renouuelle auec vn grand ſcandale, & mépris du ſaint Siege des propoſitions condamnées par la Bulle de Pie V. Ces Meſſieurs répondent premierement que la Bulle a eſté falſifiée en ce poinct par le ſieur Albiſy, Aſſeſſeur de l'Inquiſition, parce qu'il ne faut qu'auoir leu vn chapitre du Liure de Monſieur d'Ypre, pour reconnoiſtre que ce fait eſt faux. Secondement que quand ce fait ſeroit auſſi vray comme il eſt faux, il ne s'enſuiuroit pas que ces propoſitions qu'il renouuelleroit, fuſſent certainement des dogmes erronez & heretiques, puis que la cenſure de la Bulle de Pie n'eſt que generale, ſans qu'vne ſeule des diuerſes qualifications ſoit appliquée à aucune propoſition en particulier, & que de plus le Pape declare en termes formels, qu'il y en a qui ſe peuuent en quelque ſorte ſouſtenir à la rigueur, & dans le propre ſens des auteurs qui les auoient auancées.

* Diſcours outrageux à Mr de Vabres, & à l'Aſſeſſeur de l'inquiſitiō qu'il accuſe d'auoir falſifié la Bulle d'Vrbain VIII. ſans donner aucune preuue d'vne accuſation ſi criminelle.

Mais ce diſcours * eſt doublement outrageux & inſupportable. Premierement parce qu'il ſuppoſe fauſſement que le Liure de Ianſenius n'a point eſté condamné par la Bulle d'Vrbain VIII. mais ſeulement defendu comme les autres qui ſouſtiennent la doctrine contraire, & que sur cette supposition tres malicieuse, il traitte Monsieur de Vabres de faussaire & d'imposteur, comme s'il auoit écrit sans fondement, & contre vne verité manifeste, que le Pape Vrbain VIII. a prononcé contre les dogmes de Iansenius. Secondement parce qu'il outrage cruellement l'Assesseur de l'Inquisition, l'accusant d'auoir inseré vne clause tres-importante dans la Bulle, contre l'intention du Pape, sans apporter aucune preuue d'vne accusation si horrible, & si inoüye. On peut mesme découurir bien clairement la fausseté de cette calomnie, de * ce que les Docteurs de Louuain enuoyez à Rome pour faire casser ou adoucir cette Bulle, n'auoient qu'à representer au Pape la supercherie pretenduë du sieur Albisy, pour venir tres-facilement à bout de leur dessein. Estant visible qu'aussi-tost qu'il auroit oüy parler d'vne action si infame, il l'auroit chastiée tres-rigoureusement, & qu'en mesme temps il auroit desaduoüé & cassé cette Bulle falsifiée par vne declaration expresse. Mais tant s'en faut que ces Deputez ayent iamais osé accuser dans Rome le sieur Albisy du crime qu'on luy impose dans Paris, que nous voyons au contraire que nonobstant toutes les brigues, & toutes les violences qu'ils ont faites l'espace de plusieurs années, pour faire changer quelques paroles dans la Bulle, ils n'ont peu iamais obtenir ce qu'ils demandoient, * &

* La fausseté de cette accusation se trouue assez, du peu de satisfaction que les Deputez de l'Vniuersité de Louuain receurent ces années passées dans leur voyage de Rome.

* On la decouure aussi tres-sensiblement, par le tesmoignage qu'Vrbain VIII. a rendu par vn Bref expres à l'Archeuesque de Malines, qu'il n'auoit point seulemẽt deffendu la lecture

du Liure de Iansenius, mais qu'il en auoit de plus condamné la doctrine. Ce qui a esté confirmé depuis peu par la censure que le Pape d'apresent a faite du Cathechisme de la grace, qui n'est que trop certaine, quelque bruit que ces Nouateurs ayent fait courir du contraire pour continuer tousjours à tromper les personnes simples par leurs supercheries detestables.

que le Pape defunt a témoigné ouuertement à l'Archeuesque de Malines, qu'il n'auoit pas seulement defendu la lecture du Liure de Iansenius, mais qu'il en auoit aussi condamné la doctrine. Ce qui a esté encore confirmé depuis peu dans la censure qui a esté faite à Rome du Cathechisme de la grace par le Pape d'apresent. D'où il est aisé de juger que cette accusation si estrange, & si contraire à la profession d'vn homme de bien, n'a esté forgée que pour trouuer deuant le peuple vn specieux pretexte de mépriser la Bulle du Pape, & de fouler aux pieds son authorité.

* Estrange raisonnement de ces esprits sublimes. Il ne faut, disent-ils, que lire vn seul chapitre de Iansenius pour connoistre que sa doctrine n'est point conforme à celle de Bayus: Doncques Albisy Assesseur de l'inquisition a falsifié la Bulle en ce qu'elle asseure le contraire. Il ne faut point de Logique artificielle, pour juger combien ce discours est extrauagant, & digne de mespris.

La raison qu'ils alleguent * pour colorer leur médisance, est entierement ridicule: ceux qui ont leu exactement non seulement vn chapitre du Liure de Iansenius, mais aussi son ouurage tout entier, n'y ayant rien remarqué qui monstre solidement qu'elle n'est point conforme en plusieurs choses à celle de Bayus; & encore moins qui puisse faire connoistre que quand elle luy seroit entierement opposée, il fallut accuser nommément l'Assesseur de l'Inquisition, d'auoir asseuré faussement le contraire dans la Bulle. Et ce qu'ils adjoustent, que quand le fait dont est question seroit aussi vray comme il est faux, il ne s'ensuiuroit pas que ces propositions que Iansenius renouuelleroit, fussent certainement des dogmes erronez & heretiques, ne fait rien contre Monsieur de

Vabres, puis que ſa lettre ne porte point determinement que la doctrine de Ianſenius a eſté condamnée de la ſorte, mais ſeulement en general que le Pape Vrbain VIII. a prononcé contre les dogmes de Ianſenius, ce qui n'eſt que trop veritable.

Mais ce qu'ils * diſent de plus que le Pape declare en termes formels, qu'entre ces propoſitions il y en a pluſieurs qui ſe peuuent en quelque ſorte ſouſtenir à la rigueur, & dans le propre ſens des Autheurs qui les auoient aduancées, eſt vne defaite ſi extrauagante, qu'il faut auoir perdu le front pour la propoſer; eſtant du tout hors de raiſon de croire, qu'vn Pape reconnoiſſe que quelques propoſitions ſe peuuent ſouſtenir dans le propre ſens des Autheurs qui les defendent, & qu'il ne laiſſe pas de les condamner pour iamais ſous de griefues peines, dans ce meſme ſens qu'il approuue, & qu'il reconnoiſt veritable. Ce n'eſt donc pas de la ſorte que la Bulle ſe doit entendre, comme on le veut faire croire par vne ſupercherie extrauagante & malicieuſe; mais le veritable ſens eſt, qu'encore que quelques propoſitions puiſſent eſtre en quelque façon ſouſtenuës, elles ſont neantmoins condamnées dans le ſens des Autheurs qui les ont aduancées. ** Et c'eſt vne choſe honteuſe, que nous ayons affaire à de miſerables chicaneurs, qui s'amuſent à pointiller ſur vne virgule, qui a eſté tranſpoſée

* Penſée extrauagante & injurieuſe au Pape, de dire qu'il a voulu condamner pour iamais des propoſitions dans le propre ſens de ceux qui les defendent, & qu'il aduouë en meſme tẽps que ces propoſitions ſont veritables en ce ſens-là.

** I'ay veu vne copie de la Bulle imprimée à Rome, où la virgule n'eſtoit point dãs l'endroit que ces vetilleurs marquent, mais en celuy que nous disons. Comme les Deputez mesme de Louuain feurẽt cõtrains de le reconnoistre dans Rome par l'ordre du Pape, selon le rapport des Docteurs de Doüay.

en quelques editions de la Bulle ; comme si vne faute d'impression ne deuoit pas estre corrigée par le jugement & la bonne foy des lecteurs, qui voient bien tres-certainement que la Bulle ne se peut entendre, sans faire outrage au saint Siege, qu'en la maniere que nous l'auons expliquée.

* Response à la dixiesme consideration, & au defy que ces fanfarons enuoyent à Mr de Vabres, par vne vanité qui les aueugle, & qui les porte dans l'extrauagãce.

La dixiesme * consideration porte vn defy à Monsieur de Vabres, de pouuoir montrer quels sont ces dogmes en particulier qu'il soutient estre erronez ou heretiques. Mais on voit par cette brauade que la vanité aueugle ces fanfarons, & qu'elle les fait extrauaguer, puisque la lettre de Monsieur de Vabres ne porte point, comme ils supposent faussement, que les dogmes de Iansenius ont esté condamnez comme erronez ou heretiques, mais seulement en general qu'Vrbain VIII. a prononcé contre les dogmes de Iansenius, comme ils le rapportent eux-mesmes. On voit mesme que les Euesques qui ont souscrit cette lettre, prient sa Sainteté de se declarer distinctement sur les propositions qu'ils luy enuoyent ; parce que les Bulles qui ont esté faites cy-deuant, touchant ces matieres, n'appliquent point les censures aux propositions en particulier, ce qui donne sujet à des chicaneurs d'en eluder toute la force.

Et pour respondre au defy de ces braues, qui se font tous blancs de leurs espées, Monsieur de Vabres de Vabres leur fait sçauoir, que quand ils auront monſtré effectiuement autant de ſuffiſance, en répondant à ſon Liure de la grace, qu'ils monſtrent de vanité & de preſomption en leurs paroles, il acceptera fort volontiers l'offre qu'ils luy font de luy faire voir, en preſence des Eueſques qui ont ſigné ſa lettre, que les propoſitions qu'il a enuoyées au Pape ſont des maximes capitales de ſaint Auguſtin. * Eſtant bien aſſeuré qu'ils receuront la confuſion toute entiere, & qu'ils ſeront contraints d'aduoüer quelques obſtinez qu'ils ſoient, que tant s'en faut que ces propoſitions ſoient les maximes capitales de ſaint Auguſtin, qu'il eſt indubitable qu'elles ſont entierement oppoſées à ſa doctrine, & à celle de tous les autres Peres, & qu'elles ne peuuent eſtre approuuées que par des heretiques. Il eſt neceſſaire auſſi que ces fanfarons leuent leur maſque, afin que Monſieur de Vabres ſçache ſi c'eſt auec des fantômes, ou auec des hommes qu'il doit entrer en diſpute ; n'eſtant pas raiſonnable qu'vn perſonnage de ſa qualité s'amuſe à s'eſcrimer contre des ombres, ni qu'il entre dans la lice pour courir contre le faquin.

* Quand Mr de Vabres ne voudroit point ſe ſeruir de cette ſciance ſublime qui le rend recõmandable à tous les hommes doctes, la ſeule croix qu'il porte eſt capable de faire fuir tous ces ſpectres, & tous ces ennemis inuiſibles qui luy veulent faire peur, & qui meſme ont juré ſa perte, parce qu'il a écrit au Pape, auec grand nombre d'autres Eueſques.

Ces grands ** parleurs ajouſtent, que Monſieur de Vabres a acquis quelque experience par le temps qui l'a rendu plus ſage & plus aduiſé, parce qu'il reduit maintenant les hereſies pretenduës de Ianſenius au nombre de cinq, au

** Ces grands parleurs qui diſent que le temps a rendu Mr de Vabres plus ſage & plus aduiſé, font voir par ce reproche qu'ils deuiennent eux-meſmes moins sages & moins iudicieux, à mesure qu'ils vieillissent.

lieu qu'il y en auoit trouué autresfois quarante, & puis douze. Mais ce reproche montre le peu de jugement de ces calomniateurs, puisque la lettre des Euesques ne qualifie point heretique aucune proposition de Iansenius; puisque ces Prelats en demandant au Pape *particulierement* la decision de ces cinq propositions, comme estant *des plus dangereuses*, & celles dont on dispute maintenant auec plus de chaleur, font assez entendre par ces paroles, qu'il y en a bien d'autres qui meriteroient d'estre censurées, & dont ils demandent tacitement la condamnation: Puis que ces Critiques disent eux-mesmes tout au commencement de leur libelle, que la lettre des Euesques pretend faire condamner toute la doctrine de saint Augustin touchant la grace: & le mesme se tire necessairement de ce qu'ils mettent vne si parfaite liaison entre toutes les propositions de Iansenius, qu'il est impossible d'en condamner vne quelle que ce soit, sans condamner en mesme temps toutes les autres. D'où il s'ensuit euidemment qu'ils extrauaguent lors qu'ils accusent Monsieur de Vabres d'auoir corrigé les premieres censures qu'il a faites de la doctrine de Iansenius, par les dernieres; puis que selon leur propre adueu, condamner cinq propositions de Iansenius, ou mesme vne seule, est autant que d'en condamner douze, ou quarante.

L'onziesme * consideration pretend qu'il n'y a point de voye plus iniuste, ni plus opposée à la paix de l'Eglise, que celle que Monsieur de Vabres propose pour la procurer: parce que declarant dans sa lettre que tous les troubles de l'Eglise naissent du Liure de Mr d'Ypre, il faudroit pour les arrester qu'il demandast au saint Siege l'examen du Liure de cét Euesque, afin de voir & de juger si ce qu'il enseigne n'est pas ce qu'enseigne saint Augustin, faute de quoy les esprits ne seront iamais satisfaits. Mais cette pretention est ridicule, n'estant pas à propos que Monsieur de Vabres s'ingere d'instruire le Pape, de la maniere dont il doit proceder en l'examen des propositions qu'il luy enuoye. Sa Sainteté sçait bien ce qu'elle doit faire là dessus, & c'est vne temerité estrange que des particuliers se croyent plus aduisez que des Euesques, & des Papes, aux choses qui regardent la foy, & le gouuernement de l'Eglise, comme si toute la sagesse humaine & diuine estoit renfermée dans leurs seules testes, qui sont si petites.

* Response à l'onziesme consideration, qui pretend mal à propos qu'il n'y a point de voye plus injuste, ni plus opposée à la paix de l'Eglise, que celle que Mr de Vabres propose pour la procurer.

Iansenius a esté condamné par Vrbain VIII. ** est-il croyable que cette condamnation n'ait point esté precedée d'vn examen suffisant de son Liure? La Bulle mesme de ce Pape ne fait elle pas mention de cét examen? & n'est-ce pas vne effronterie insupportable de vouloir faire croire qu'elle a esté aussi falsifiée pour ce poinct-là? On peut mesme inferer tres-clairement cette

** Injustice estrange de ces calomniateurs qui pour decrier le saint Siege, veulent persuader que les Papes procedét temerairement dans leurs censures, & sans auoir examiné suffisamment la doctrine qu'ils condamnent.

verité du diſcours que nous examinons, qui porte que les Deputez de Louuain ayant fait de grandes inſtances l'eſpace de deux ans, & aux Cardinaux Commiſſaires, & au Pape meſme d'eſtre receus dans vne aſſemblée publique á faire voir que la doctrine de l'Eueſque d'Ypre n'eſtoit aucunement differente de celle de ſaint Auguſtin, ils ne peurent iamais obtenir qu'on les oüit ſur ce ſujet. Car n'eſt-ce pas manquer de ſens commun, pour ne pas connoiſtre par ce refus, que la condamnation de Ianſenius auoit eſté faite auec les precautions neceſſaires, & qu'ainſi il n'eſtoit pas à propos, pour faire plaiſir à des chicaneurs, de recommencer vn procez qui eſtoit jugé, & de remettre en doute des veritez dont on ne pouuoit plus douter ſans offencer l'Egliſe. * Autrement il n'y auroit point de Bulle, ni de cenſure qu'on ne peut eluder facilement; eſtant fort aiſé à des eſprits malins qui ne veulent point ſe ſoufmetre aux puiſſances legitimes, eſtablies de Dieu, de trouuer toûjours à redire ſur quelque formalité qui n'aura pas eſté bien obſeruée ſelon leur caprice. Et en quelque façon que ce ſoit que leurs deſſeins ne reüſſiſſent point, il faudra crier que c'eſt parce que toute la faction des Ieſuiſtes s'y eſt oppoſée. De ſorte que ce n'eſt plus Albiſy, ni Diana qui empeſchent l'examen de Ianſenius, mais ce ſont les Cardinaux Commiſſaires qui ont refuſé de don-

* Par ce procedé injuſte on donne l'inuention aux eſprits mal faits qui ne veulent point ſe ſouſmettre à l'Egliſe, d'eluder toutes les Bulles & toutes les cenſures de Rome.

ner cette satisfaction aux Docteurs Deputez de l'Vniuersité de Louuain. C'est le Pape mesme qui leur a fait ce refus, s'estant sans doute laissé gaigner par les artifices des Iesuistes, & par la promesse qu'ils luy ont faite de luy donner quelque bonne Abbaye, au cas qu'il prenne leur party.

Il ne faudra * pas manquer aussi de dire, que les Iesuistes ne se picquent point de composer de bons Liures, sçachant que leurs aduersaires sont plus forts qu'eux de ce costé-là, & que par vn stratagéme de guerre ils les attaquent seulement du costé où ils sont foibles, qui est celuy des intrigues & des caballes. Quoi que pourtant tout le monde sçache que ces Peres ont fait de fort bons Liures, ausquels ces fanfarós n'ont rien répondu pour soustenir leur Iansenius; & que personne ne puisse ignorer que les sectateurs de cét Euesque ne soient beaucoup plus sçauans dans les intrigues & les fourberies, que dans les matieres de la grace. Il ne faut que s'informer, comme nous l'auons déja dit, de ce qu'ils font en Sorbonne, & partout ailleurs où ils mettent le pied, pour donner cours à leurs nouueautez, & pour decrediter la doctrine de l'Eglise; & l'on jugera tres-certainement qu'ils sont Maistres passez en toutes sortes d'artifices, n'oubliant rien de tout ce qui peut contribuer à leurs desseins. Au lieu qu'on voit au contraire que ceux qui sont dans

* Vanité insupportable de ces Reformateurs qui n'ont rien répondu à plusieurs bons Liures que les Peres Iesuistes ont fait contre leur doctrine; & qui sont sans comparaison beaucoup plus adroits à fourber, & à dire des injures, qu'à écrire quelque chose de solide.

les bons sentimens, & qui pourroient les defendre auec gloire, se remüent fort peu pour la cause commune, & que mesme il n'y a quasi point de commerce entre ceux qui trauaillent pour la defense de l'Eglise. De sorte qu'on peut dire auec verité, mais à la honte de nostre siecle, que les enfans de tenebres sont beaucoup plus prudens & plus aduisez, que les enfans de lumiere.

* Response à la douziesme consideration qui prepare ouuertement les esprits à vn schisme & à vne reuolte contre le saint Siege, en cas que le Pape condamne la doctrine du temps: attribuant par vne estrange impieté, leur obstinatiõ diabolique à vn saint zele, & à vne grace tres-particuliere du S. Esprit.

La douziesme* consideration ne butte qu'à preparer les esprits à vn schisme, & à vne reuolte ouuerte contre le saint Siege. Car ces Reformateurs pretendus qui ont de si grands respects pour le Pape, ne font point difficulté de protester, qu'en cas qu'ils soient condamnez, ils ne seront ni assez lâches, ni assez stupides, ni assez abandonnez de la grace mesme qu'ils defendent, pour croire sur vn simple decret d'Inquisition, sur vne simple censure qui n'aura esté precedée d'aucun examen du Liure de Monsieur d'Ypre, qui aura esté dressée par les Molinistes mesmes, & enuoyée de Paris à Rome, que les maximes capitales de la doctrine de saint Augustin, des Souuerains Pontices, & de tous les Saints Peres ne sont plus Catholiques ni Orthodoxes, parce qu'il aura pleu au sieur Albisy Assesseur de l'Inquisition, à Diana qualificateur, & à quelques autres Partisans de la faction des Iesuistes, de donner ce contentement à ces bons Peres, pour l'honneur particulier de Molina, & de leur societé, qui a fait vne guerre couuerte à saint Augustin depuis soixante ans, & publique depuis peu d'années. Ils ne craignent pas mesme de dire, que si Dieu permet que ces Officiers estans surpris, surprennent le Pape, & grauent son nom venerable à tous les fideles, sur vn decret si injuste, & si odieux à tous les fideles, cette injustice soûleuera tous les esprits raisonnables contre les Iesuistes, & Monsieur de Vabres, vniques Autheurs & premieres sources de ce mal-heur; qu'elle fera de nouueaux aduersaires au Molinisme, qu'elle attirera de nouueaux amateurs à la verité, de nouueaux disciples à saint Augustin, de nouueaux defenseurs à sa doctrine; & vn nouueau courage, de nouuelles forces, & de nouuelles graces à ses defenseurs.

Voila la belle disposition * auec laquelle ces amateurs de la verité, ces defenseurs de la dignité Episcopale, & de la grandeur de l'Eglise Romaine; ces sinceres disciples de saint Augustin attendent le jugement du saint Pere, touchant les maximes qu'on luy a proposées. Car au lieu que tous les Catholiques ont tousjours receu comme des Oracles les paroles, les Reglemens, les Constitutions, les Censures, & les Bulles qui sont emanées de l'Eglise Romaine; Ces nouueaux Reformateurs asseurent hardiment, non seulement, qu'ils ne receuront jamais les Censures, qui se pourront faire à Ro-

* Disposition fort Chrestienne dans laquelle ces defenseurs de la grãdeur de l'Eglise Romaine attendent la sentence du Pape touchant les propositions qu'on luy a enuoyées : Et fort conforme aux exẽples des anciens Euesques de France, que nous auons proposez au commancement de cét ouurage.

me contre leur doctrine; mais aussi que pour se vanger de cét affront, ils feront tous leurs efforts pour souleuer les peuples contre le Pape. * Et ce qui est plus estrange, ils croyent donner quelque couleur de justice à leur reuolte contre le saint Siege, par le discours que je viens de rapporter, quoy qu'il soit si deraisonnable, qu'il ne peut seruir deuant des Iuges non passionnez, qu'à découurir sensiblement & leur peu de jugement, & leur mauuaise conscience; comme ils font paroistre aussi l'vn & l'autre, en ce qu'ils adjoustent par Esprit de prophetie. Car s'il est vray que la lettre qu'on a écrite à Rome doit rendre le Iansenisme beaucoup plus illustre, comme ils se persuadent; à quoy songent-ils de faire tant de bruit d'vne chose qui leur est tres-auantageuse? Ne montrent-ils pas ouuertement par ces plaintes, & leur peu de jugement, & leur mauuaise conscience, puis qu'ils prennent pour des affrons les faueurs qu'on leur fait, & qu'ils traittent leurs propres bien-faicteurs auec la mesme rigueur & cruauté, qu'ils traitteroient leurs plus grands ennemis?

La ** treiziéme consideration contient vne insigne imposture contre les Docteurs de l'Vniuersité, qui estoient d'aduis il y a deux ans qu'on procedast à la censure des propositions qui ont esté enuoyées au Pape. Elle porte que ces Docteurs par vne estrange malice, & qui montre

* Que peut-on voir de plus insolent ni de plus ridicule tout ensemble que le discours que nous auons rapporté cy-dessus par lequel ces Nouateurs taschent de donner quelque couleur à la reuolte qu'ils meditent? Ils prendront la Censure du Pape pour vn simple decret d'Inquisition, ils diront qu'on aura condamné Iansenius sans l'auoir examiné: ils se persuaderont que la Censure que les Euesques demandent au Pape, aura esté enuoyée toute faite de Paris à Rome: Ils croyront qu'Albisy & Diana mettront de leur propre authorité le nom du Pape dans la censure, pour faire plaisir aux Iesuistes. Et par ce moyen ils pourront en bonne consciance, mépriser tout ce qui viendra de Rome contre eux, & en faire des risées. Et qu'on publie apres cela que ces Messieurs ne sont pas bons Catholiques, & qu'ils n'ont pas de grands respects pour l'Eglise Romaine.

** Response à la treiziéme consideration qui est tres-injurieuse aux Docteurs de l'Vniuersité, les accusant

montre aux plus aueugles le vray caractere de l'erreur, qui est la finesse & la fourberie, s'aduiserent de conceuoir ces propositions en des termes equiuoques & ambigus, afin qu'estant vrayes en vn sens, & fausses en l'autre, ils peussent s'excuser deuant les hommes intelligens, en disant, qu'ils n'auoient voulu condamner que le mauuais sens qu'elles pouuoient receuoir, sans auoir eu intention de blesser saint Augustin, & que neantmoins ils peussent les decrier deuant les simples & les ignorans comme absolument condamnées, aussi bien dans le sens de saint Augustin, qu'ils auoient principalement dessein de ruiner, que dans l'autre que tout le monde condamne. * Mais qui ne detestera l'impudence inoüye de ces calomniateurs desesperez, qui osent faire vn jugement si malin & si peu vray semblable de tant de Docteurs, dont la probité & la sincerité sont reconnues de tout le monde? Surquoy est fondée vne pensée si peu Chrestienne, & qui offence si mortellement la charité? De quoy eut serui vne si lasche & si sotte supercherie? Qu'eussent dit les gens doctes sçachant qu'on n'auoit censuré ces propositions, que dans le sens faux que tout le monde condamne? Ne se feussent-ils pas mocquez de cette Censure, & de tous ceux qui l'auroient faite? Et quelle apparence y a-t'il de croire que des personnes habiles & prudentes eussent voulu de gayeté de cœur

tres-malicieusemẽt, & contre toute apparence de raison, d'vne insigne fourberie.

* Ces calõniateurs furieux & desesperez ne montrẽt pas seulement leur malice detestable en cette accusation, mais encore leur peu de jugement; puis qu'elle ne peut auoir aucun fondement raisonnable, & qu'elle se détruit par sa propre foiblesse.

fleſtrir leur propre reputation, & ſe rendre ridicules aux gens doctes? Quel aduantage ſeroit reuenu à ces Cenſeurs ſi imprudens, de ſouffler aux oreilles du peuple qu'ils auoient eu deſſein de condamner les propoſitions dans le ſens meſme de ſaint Auguſtin? Sur tout eſtant conſtant que ceux d'entre les Docteurs qui ſont les plus blaſmez par les Ianſeniſtes, pour auoir voulu faire condamner leur doctrine, ſont la plus part des perſonnes âgées, & qui ont fort peu de commerce auec le peuple. Non non l'ancienne probité de la Sorbonne n'eſt point capable de ces artifices, elle laiſſe l'art de fourber à ces Nouateurs qui s'eſtans engagez par paſſion à la defenſe d'vne cauſe deplorée, qui n'a aucun appuy que dans la ſubtilité & la malice, ont beſoin de recourir aux artifices, aux calomnies, aux falſifications, aux violences pour la faire ſubſiſter. Ces Docteurs ſont trop habiles pour ne ſçauoir pas mettre de diſtinction entre l'Auguſtin d'Ypre, & celuy d'Hippone: & comme ils ont toûjours reſpecté le dernier, ſelon le rang qu'il tient dans l'Egliſe, ils n'ont eu auſſi iamais deſſein de condamner que le premier, qui n'eſt que l'ombre & le fantoſme de l'autre, quelque effort qu'on faſſe pour les confondre enſemble.

La quatorziéme * conſideration & les ſuiuantes ne contiennent que l'inuectiue ordi-

* Reſponſe aux conſiderations ſuiuantes pour la iuſtification de Moli-

naire, qu'on trouue cinquante fois dans les Liures des Ianſeniſtes contre Molina, & quelques autres Ieſuiſtes, de ce qu'ils ont parlé auec mépris de ſaint Auguſtin, l'accuſant d'obſcurité, & de rigueur dans ſes opinions. Ce que ſes diſciples pretendus ne peuuent ſouffrir, parce qu'ils eſtiment que ſaint Auguſtin eſt vn Soleil ſans tache, & qui ne s'éclipſe iamais, que ſa doctrine eſt tres-pure & tres-claire, & qu'elle n'eſt point enuironnée d'aucune obſcurité, ni d'aucun nuage: Qu'il eſt l'vnique & l'incomparable entre tous les Docteurs de l'Egliſe, ayant luy ſeul plus d'eſprit, plus de lumiere, & plus de ſcience que tous les autres Peres, que tous les Papes, & que tous les Conciles enſemble; & en vn mot que ſes écrits touchant la grace ne ſont pas moins veritables que les écrits de ſaint Paul, des Apoſtres, & des Prophetes. Mais ſans nous arreſter à examiner tous ces eloges, qui pourroient ſembler fort extrauagans à des perſõnes des-intereſſées,* ie me contenteray de demander à ces Nobles Panegyriſtes, d'où vient qu'ils ſe plaignent ſi ſouuent, & auec tant d'aigreur du peu de reſpect dont Molina, & quelques autres Ieſuiſtes parlent de ſaint Auguſtin; ſçachant bien que ces Peres ne ſont ni les ſeuls, ni les premiers qui ſoient coupables de cette faute. Pourquoy dreſſent-ils des ſatyres contre des écriuains de cét Ordre, parce qu'ils diſent que ſaint Auguſtin en combattant vne

na, & de quelques autres Ieſuiſtes, en ce qu'ils ſemblent parler quelquesfois vn peu deſaduantageuſement de ſaint Auguſtin.

*Cette plainte monstre euidemment à toutes les perſõnes bien ſenſées la paſſion de ces calomniateurs, puis qu'ils attribuent aux Ieſuiſtes comme aux premiers inuẽteurs des diſcours qui ont eſté employez par des Docteurs de Paris auant la naiſſance des Ieſuiſtes: voicy ce qu'vn Docteur Iacobin en a écrit il y a plus de cent ans.

erreur se jette quelquesfois dans l'autre extremité, faisant comme ceux qui pour redresser vn arbrisseau qui panche d'vn costé, le courbent auec effort de l'autre: puis qu'ils sçauent tres-bien que cette pensée a esté debitée par des Docteurs de Paris, auant la naissance des Iesuistes? Particulierement par vn Religieux de l'ordre saint Dominique dans vn Liure de Controuerses imprimé il y a plus de cent ans, auec Priuilege & auec Approbation de la Faculté? Est-ce agir de bonne foy, est-ce auoir de la conscience que de faire entendre aux ignorans, que les Iesuistes ont esté les premiers qui ayent parlé de la sorte de saint Augustin?

Nec est quod Augustinum dicant aduersarij suis Patrocinantem erroribus, is enim ob feruentem disputationem Pelagij & Celestij qui tantùm tribuebāt libero arbitrio, vt diuinæ gratiæ injuriam facerent, quemadmodum suprà tetigimnus, vehementiùs gratiam ipsam attollit, quasi videatur eleuare arbitrium hominis, eo quidem consilio quod sequuntur ij qui curua lignorum ad rectitudinem conantur reducere, ea vltra rectitudinem flectunt & incuruant in oppositum. Petrus Auratus Paradoxo 48.

Que ne disent-ils pas contre Molina, de ce qu'il s'élogne de l'opinion qu'on attribuë à saint Augustin, aux choses qui regardent la predestination & la reprobation, l'estimant vn peu rude & moins probable que l'autre? Et neantmoins ils n'ignorent pas, ce qu'on leur a fait sçauoir il y a long-temps, que Bannes le grand aduersaire de Molina, & le Chef des predeterminateurs a dit hautement que l'opinion de saint Augustin est dangereuse, & * que ce Pere n'a pas voulu prendre garde à la mauuaise consequence de l'argument par lequel il la prouue. En quoy il est visible que cét Autheur celebre de l'Ordre des Iacobins a beaucoup plus excedé que Molina; puis que celui-cy

* Bannes le Chef des predeterminateurs & grand aduersaire de Molina, parle auec beaucoup moins de respect de saint Augustin que ce Iesuiste, & neantmoins les sinceres disciples de

se départ simplement de l'opinion de saint Augustin l'estimant trop rigoureuse, comme beaucoup d'autres Theologiens, qui ne sont pas Iesuistes, l'estiment aussi; au lieu que Bannet non contant de l'abandonner comme la jugeant fausse & dangereuse, semble accuser saint Augustin d'vne ignorance volontaire, & de luy reprocher d'auoir fermé les yeux, à dessein de ne pas voir la foiblesse de l'argument qu'il employoit pour prouuer son opinion: D'où vient donc que Messieurs les Iansenistes se ruënt sur Molina, comme des loups affamez sur vne brebis, sous pretexte qu'il a parlé auec grand mépris de saint Augustin, & qu'ils épargnent si charitablement vn Predeterminateur, quoy que plus coupable que luy de ce crime pretendu?

ce grand Docteur lui pardõnent cette faute, pour vanger l'honneur de leur Maistre sur Molina & ses Confreres: voicy cõme ce Docteur Iacobin parle.

Si itaque D. Augustinus voluisset attendere malitiam huius consequentiæ, nunquam posuisset quod vniuersaliter originale peccatum solum est causa reprobationis omnium reprobatorum hominum. 1. p. q. 23. art. 5. longe post medium, §. propterea manifestum est.

Ne* leur a-t'on pas apris que ce grand Euesque d'Evreux Claude de Xaintes, qui a écrit si doctement contre l'heresie de Calvin, trente ans auant qu'on eut oüy parler de Molina, n'a pas creu offencer saint Augustin, en disant, que ce Saint *porté d'vne ardeur contre les Pelagiens, s'est vn peu trop precipité à mépriser le consentement de ses ancestres, qui est bien fondé en l'écriture, & qui n'a rien de commun auec le Pelagianisme, & qu'il a esté enfin contraint de reuenir à l'opinion des anciens qu'il auoit quittée.* Ni de dire que saint Augustin *se fiant trop à son sens & à son esprit pour juger des écritures, a fourni trop de moyens aux esprits*

* Claude de Xaintes Euesque d'Evreux & Docteur tres-celebre de l'Vniuersité de Paris a parlé beaucoup plus librement de S. Augustin que Molina ni aucun autre Iesuitte, & en a parlé de la sorte trente ans auant qu'on eut oüy parler de Molina. Et toutesfois on ne dit mot de la liberté de cét Euesque, mais seulement du grand crime que Molina & ses disciples ont commis contre le respect qu'ils doiuent à S. Augustin, D'où peut

procedent vne si estrange inegalité, & vn zele si partial? Les paroles de ce Prelat sont amplement deduites au bas du premier examen de la Theologie du Temps.

malins, comme a esté celuy de Calvin, & d'autres auant luy, pour se débaucher, & pour rapporter leur malice & leur damnation à Dieu? Il est certain que Molina ne dit rien qui approche de cette liberté, & toutesfois on n'a point encore oüy dire que ce grand Euesque, qui estoit vn tres-celebre Docteur de Paris, & qui a eu l'honneur d'assister au Concile de Trente, ait esté iamais repris d'immodestie ou de peu de respect, pour auoir parlé de la sorte de saint Augustin; tant il est vray que cette sousmission aueugle qu'on demande pour tous les sentimens de ce Pere, a esté inconnuë iusques à present dans l'Eglise. D'où vient donc que les nouueaux Reformateurs ne parlent dans leurs libelles que du mépris que Molina, & quelques autres Iesuistes font des opinions de saint Augustin, parce qu'ils les trouuent vn peu trop severes, & qu'ils ne croyent pas estre tenus de les suiure? * Certes il faudroit estre fou à Marote pour ne pas reconnoistre, que ces plaintes & ces aigreurs ne procedent point du respect qu'on a pour saint Augustin, mais d'vne passion furieuse & insatiable qu'on a conceuë contre les Peres Iesuistes, & du dessein qu'on a de faire la guerre à l'Eglise, sous pretexte qu'on n'en veut qu'à la doctrine particuliere de ces Peres.

* Il est visible aux plus stupides que ces Escriuains si ardens & si échauffez contre les Iesuistes, ne songent à rien moins qu'à soustenir l'honneur de S. Augustin, mais seulement à décrier la doctrine de ces Peres, pour couurir par cét artifice le dessein qu'ils ont de ruiner la doctrine de l'Eglise, & de faire de Paris vn Geneve, ou vn Montauban.

Ce qui se ** verifie encore tres-clairement de ce qu'ils forgent malicieusement vne secte

** La malice de ces imposteurs se voit encore en ce que

de Molinistes, quoy qu'ils sçachent de science certaine, que les maximes que nous defendons contre eux, & qu'ils décrient auec tant d'animosité & de furie, sont beaucoup plus anciennes que Molina, & qu'on les enseignoit dans la Sorbone plusieurs siecles auant qu'il y eut des Iesuistes au monde. Et la malice épouuentable de ces calomniateurs est dautant plus visible, que sous pretexte * que Molina s'est vanté d'auoir trouué vn moyen fort propre pour accorder la grace auec la liberté, ils prennent sujet de cette parole d'accuser de nouueauté toute la doctrine de cét Autheur qui regarde la grace & la liberté. Comme si c'estoit vne chose nouuelle de dire, que pour estre libre il faut estre dans l'indifference à faire ou ne faire pas; de dire qu'encore que la grace efficace nous fasse agir effectiuement, nous pouuons neantmoins ne pas agir auec elle; De dire que nous receuons des graces suffisantes, dont nous empeschons l'effet par nostre malice; De dire que Iesus-Christ est mort pour tous les hommes sans exception, & ainsi des autres maximes que nous defendons contre la doctrine du temps: quoy que Molina puisse auoir trouué quelque maniere nouuelle d'accorder la grace efficace auec nostre liberté, qui ne se lit pas si clairement dans les écrits des Anciens. Il n'y a pas d'homme si stupide qui ne juge bien, qu'vn moyen d'accord de deux choses qui semblent estre

pour décrier la doctrine de l'Eglise comme nouuelle ils appellẽt Molinistes ceux qui la tiennent, quoy qu'ils sçachent tres-certainement qu'on l'enseignoit à Paris deux cẽs ans auant que Saint Ignace, le Fondateur des Iesuistes, fut nay.

* Ils prennent aussi sujet de décrier cõme nouuelle, toute la doctrine de Molina, de ce qu'il s'est persuadé d'auoir inuenté vne façon nouuelle d'accorder la grace auec la liberté, ce qui est vne malice diabolique, ou vne stupidité prodigieuse.

opposées, peut estre nouueau, encore que les choses qu'on accorde ne soient point nouuelles. D'où il s'ensuit qu'il faut que nos Aduersaires soient bien aueugles dans leur passion, de vouloir destruire la grace & la liberté comme choses nouuellement inuentées par Molina, sous pretexte qu'il les a accordées ensemble d'vne maniere qui semble nouuelle à quelques vns, quoy qu'en effet elle ne le soit point qu'en paroles, comme plusieurs Theologiens l'ont prouué inuinciblement.

Et parce que * cét accord se prend de la science moyenne, que Molina a reconnuë en Dieu, ces calomniateurs ne se lassent point de publier dans leurs libelles, que Molina a restabli l'heresie des Pelagiens, & celle des Semipelagiens par cette science, ce qui est vne supercherie insupportable. Estant constant qu'on a defendu Molina contre cette fausse accusation, & contre beaucoup d'autres dont on a voulu flaistrir sa doctrine, & que pas vn de ces Theologiens inuincibles & inuisibles n'a osé agir contre cette defense, quoy qu'elle soit entre leurs mains il y a quatre ou cinq ans. N'est-ce pas vne chose tres-ridicule, que ces fanfarons, qui font paroistre d'vne part tant de foiblesse & d'ignorance, & qui n'oseroient attaquer de front ce qui a esté écrit pour la iustification de Molina, ayent la hardiesse de faire d'autre part grand bruit contre les nouueautez pretenduës

* Ils declament aussi auec furie contre la science moyenne, quoy qu'on ait montré inuinciblement que cette science est en Dieu, & qu'il soit hors de leur pouuoir de prouuer le contraire, ni d'accorder autrement que par elle l'opinion qu'ils tiennent de l'élection gratuite à la gloire auec nostre liberté.

tenduës de cét Auteur, & de rebattre cent fois les mesmes injures pour decrediter en la personne de ce Iesuiste, la doctrine de la Sorbonne, & de l'Eglise? Si la science moyenne est si criminelle qu'ils font semblant de croire, pourquoy ne l'attaquent-ils ouuertement & en gens d'honneur? Pourquoy n'en montrent-ils la fausseté & l'abus par de bonnes raisons, plûtost que par des injures grossieres qui ont esté tant de fois repoussées? C'est ce qu'ils deuroient faire s'ils agissoient sincerement, & s'ils se sentoient assez forts pour l'entreprendre: mais ils sçauent bien que cette entreprise surpasse leurs forces, & que la science moyenne a esté si puissamment establie par quantité de grands hommes, que tous leurs plus grands efforts seroient trop foibles pour pouuoir seulement l'ébranler. Cét pourquoy ils ont recours à leurs ruses ordinaires, & à cette Rhetorique des Halles dont ils font particuliere profession, criant sans cesse contre Molina, l'accusant de faire la guerre à saint Augustin, & d'auoir resuscité les erreurs des Pelagiens & des Semipelagiens, & ne se lassant iamais d'étourdir le monde des mesmes crieries qui retentissent par tous leurs libelles.

Enfin * quoy que Molina n'ait iamais esté condamné par l'Eglise, quelque effort que ses aduersaires ayent fait durant plusieurs années pour le faire censurer; qu'au contraire apres la

* Plaisante bizarrerie de ces Critiques, qui se tuent pour nous obliger à receuoir vne censure de Molina qu'ils ont forgée

celebre dispute de Auxiliis faite à Rome du viuant de Clement VIII. & de Paul V. où les sentimens de Molina furent balotez auec tant de soin & de rigueur, il ait esté permis à tous les Catholiques par vn decret exprés du saint Siege de soûtenir les opinions de cét Autheur, nos Critiques rameinent toûjours sur le jeu la dispute de Auxiliis, & veulent à toute force que nous receuions vne censure de Molina qui n'a point d'estre que dans leur imagination, & que pour les contenter nous renoncions au pouuoir exprés que le saint Siege nous a donné d'embrasser la doctrine de cét Autheur. Et parce que nous ne sommes pas assez simples pour nous regler dans nostre creance par vne Bulle imaginaire, ils croyent auoir droict de mépriser toutes les Bulles & les decrets qui ont esté faits reellement & sans feinte par quatre Papes, contre la doctrine qu'ils defendent. Ils * menacent mesme d'appeller au Concile general, au cas qu'ils soient condamnez par le saint Siege, ce qui est le dernier retranchement de la presomption humaine, laquelle n'ayant pas le pouuoir de renuerser tout l'Vniuers, parce que Dieu l'en empesche, tasche du moins de l'ébranler & de le troubler, comme saint Augustin l'a sagement remarqué au sujet d'vn Concile vniuersel que les Pelagiens demandoient, apres auoir esté condamnez par le saint Siege.

eux mesmes estant tres-certain que le saint Siege n'a iamais condamné sa doctrine, cepẽdant qu'ils se joüent de quatre Censures qui ont esté faites par autãt de Papes de leur doctrine, & qu'ils protestent insolemmẽt de ne faire point plus d'estat de toutes celles qui pourront estre faites cy apres contre eux.

* *Verum istorum superbia quæ tantum se extollit aduersus Deũ, vt non in illo velit, sed potius in libero arbitrio gloriari, hanc etiam gloriam captare intelligitur, vt propter illos Orientis synodus congregetur. Orbem quippe Catholicum, quoniam Domino eis resistente peruertere nequeunt, saltem commouere conantur. Cum potiùs vigilantia & diligentia Pastorali post factum illis competens sufficiensque iudicium vbicunque isti lupi apparuerint, conterendi sint, siue vt sanẽtur atque mutentur, siue vt ab aliorum salute atque integritate vitentur.* lib. 4. contra duas Epist. Pelagian. cap. vltimo.

Dieu me garde d'auoir des pensées si peu Catholiques ; si vn Pape quel qu'il soit auoit condamné Molina, ie le tiendrois pour condamné, & i'aymerois mieux mourir que de soûtenir aucune opinion qui eut esté censurée par le Vicaire de Iesus-Christ, ou d'appeller de sa sentence à quelque autre tribunal que ce soit: * ayant apris des Docteurs mesme de Sorbonne que ces sortes d'appellations n'ont iamais esté approuuées dans l'Eglise: que les choses de la foy seront bien asseurées lors qu'on les sousmettra à la definition du Pontife Romain: Et qu'on doit tenir pour schismatiques, sacrileges & impies tous ceux qui s'opposent à ses decrets. Ce qui peut seruir d'vne ample Apologie aux Euesques qui ont consulté le Pape touchant les matieres du temps, & d'vne infamie eternelle à ces Nouateurs qui n'ont point de honte de se reuolter contre leur Mere, cette celebre Vniuersité de Paris, qui a tousjours esté si ennemie de leur doctrine ; d'attaquer insolemment, & auec des outrages épouuentables tant d'illustres Prelats qui n'ont point commis d'autre crime que d'écrire à Rome pour vne affaire de grande consequence, comme il a esté pratiqué de tout temps en France & ailleurs. De tascher par des écrits seditieux d'aigrir les Euesques contre le Pape, & de sousleuer tous les Catholiques contre l'Eglise Romaine: & en somme d'employer

* Les preuues de ce qui suit ont esté rapportées à l'entrée de ce discours.

toutes les inuentions imaginables pour eſtablir vne mal-heureuſe ſecte, dont les funeſtes commencemens ne promettent que des ſuites deplorables qui ne peuuent aboutir, ſi Dieu n'y met la main, qu'au bouleuerſement de la Religion Catholique, & à l'entiere ruine de ce Royaume.

FIN.

www.ingramcontent.com/pod-product-compliance
Ingram Content Group UK Ltd.
Pitfield, Milton Keynes, MK11 3LW, UK
UKHW020939180726
13838UKWH00003B/1032

9 782329 346441